W0205874

KHÉOPS

DU MÊME AUTEUR

Les Harkis (éd. B.M.).
Le Baroudeur (éd. Grasset et Livre de Poche).
Fusiliers marins et commandos (éd. Copernic).
Les Fusiliers marins de la France libre (éd. Grasset).
La Pêche à pied (éd. Pen-Duick).
Le Guerrier (éd. Grasset).
Le 1er Régiment de chasseurs parachutistes, t. 1, 2, et 3, (éd. Lavauzelle).
Le Para (éd. Grasset). Prix Maréchal-Foch, 1983.
Le Commando (éd. Grasset).
Adieu sergent (éd. Grasset).
Mourir à Lang Son (éd. Grasset).
Djebels en feu (éd. Grasset).
Le Sous-off (éd. Grasset).
Le Pêcheur à pied (éd. E.M.O.M).
Bérets-verts en Algérie (éd. Albatros).
Donnez-moi la tourmente (éd. Grasset).
Le Grand Courage (éd. Grasset).

GEORGES FLEURY

KHÉOPS

BERNARD GRASSET
PARIS

Tous droits de traduction, de reproduction et d'adaptation
réservés pour tous pays.

© *Editions Grasset & Fasquelle, 1989.*

A Fripouille...

Le coup de foudre

Alain Mercier est sapeur-pompier à Menton. Il n'a que vingt-huit ans, mais ses cheveux rares aux tempes, la dureté de ses traits à l'ovale régulier et la gravité de ses yeux noirs lui donnent l'apparence d'un homme déjà mûr. Il vient d'achever ses vingt-quatre heures de service à la caserne Forty. Les soldats du feu de Menton et le matériel roulant de leur centre de secours logent à l'étroit dans une ancienne école, juste en dessous de l'église baroque des Pénitents-Noirs, dans le coude vif que fait l'avenue du Maréchal-Gallieni pour laisser la vieille ville aux secrets de ses ruelles. Marielle, la blonde et filiforme jeune femme qu'il a épousée en secondes noces, est comptable. Tous les matins, vers huit heures, elle quitte l'appartement qu'ils louent au huitième étage d'une résidence moderne enracinée dans un faubourg de Menton, au pied même de la montagne, pour se rendre à son bureau, à Nice.

Ce mardi 3 mars 1981, Alain Mercier est de repos, accoudé à la rambarde de sa terrasse, il suit du regard le départ de sa femme dans sa Volkswagen bleue. Malgré ses cheveux noirs et son teint mat, Alain n'est pas méridional. C'est un Parisien qui a longtemps vécu dans le XVIIIe arrondissement, passage du Poteau, où son beau-père, un

Auvergnat d'Aurillac, un authentique bougnat dur au travail, tenait son commerce. Sa vocation de pompier est née sur les bords du canal de l'Ourcq où il se rendait souvent avec quelques autres gavroches du quartier afin d'admirer les manœuvres animées des soldats du feu de la caserne Bitche. Engagé à dix-huit ans dans le corps des sapeurs-pompiers de Paris, il a ensuite servi dans l'Essonne. En 1978, il s'est décidé à répondre à une annonce recrutant des pompiers professionnels pour la ville de Menton.

Il ne sait pas encore comment meubler sa journée de repos.

— Je vais aller faire un tour vers Nice, se décide-t-il en s'arrachant comme à regret au spectacle somptueux de la nature, je trouverai peut-être le petit chien dont rêve Marielle...

Le jeune couple s'est décidé l'avant-veille à acheter un animal de compagnie.

— Comme ça, a précisé Marielle, il aura le temps de s'habituer à nous avant que nous ayons un enfant...

Le choix s'est arrêté sur un cocker. Alain Mercier l'imagine déjà en montant dans sa vieille 504 Peugeot beige. Son chien sera un clown à oreilles folles et bons yeux de comédien gourmand.

— Je vais certainement passer près d'un chenil au bord de la route, espère-t-il en roulant à bonne allure sur l'autoroute de Nice, et puis j'irai au bureau de Marielle avec la surprise...

Il est loin d'être midi lorsque la 504 parvient aux faubourgs niçois. Le regard de son conducteur accroche soudain un large panneau publicitaire orné d'une énorme tête de chien-loup.

« Elevage amateur du Val-Scander, lit Mercier, bergers allemands sélectionnés... Ferme Saint-Georges... Le Cannet... »

Un coup d'œil à sa montre de plongée, une seconde d'hésitation puisque le panneau annonce un élevage de bergers allemands, puis il prend sa décision :

— Je ne risque rien d'aller voir, ils ont peut-être aussi des cockers...

L'élevage est vite atteint. Alain Mercier découvre un mas aux tuiles ocre, des boxes, vides pour la plupart, des espaces clos où s'ébattent une dizaine de chiens. Le tout respire la propreté. Une femme en pantalon s'approche de l'arrivant. Elle est brune. Sa quarantaine sportive rayonne.

— Eh non, regrette-t-elle, je n'ai pas de cockers... J'en avais encore une portée la semaine dernière, mais ils sont tous partis... Ces chiens-là sont à la mode en ce moment!

Un peu déçu, le pompier parcourt l'élevage du regard. Assise dans son box grillagé, une chienne berger allemand à poil long le fixe avec curiosité.

— J'aimerais bien vivre avec un animal comme elle, s'avoue-t-il en approchant de la bête noir et feu, je suis certain que nous nous entendrions bien...

Des jappements acides attirent son attention. Ils proviennent d'un box tout proche.

— Ce sont ses petits, annonce l'éleveuse, ils ont tout juste trois mois... Vous aimeriez les voir de plus près?

— Pourquoi pas? accepte Mercier.

Trois chiots se sont agglutinés en boule de poils emmêlés. Ils apprennent la vie en jouant à se battre. Ils roulent au sol en grondant comme des crécelles, mâchoires prises dans leurs toisons laineuses, et laissent échapper des petites plaintes de douleur lorsque les aiguilles de leurs dents d'une blancheur parfaite atteignent leur peau tiède. Ils se séparent, étonnés d'avoir mal, se défient du regard en se léchant, vacillent sur leurs larges pattes encore mal assurées dans l'effort, grondent à nouveau, puis se remêlent dans le combat.

— Ils sont beaux... n'est-ce pas?

Alain Mercier est fasciné. Il n'entend même pas la question. Le jeu initiatique se poursuit, ponctué de halètements de plus en plus pressés. Le pompier a oublié l'heure du repas. Il est dans un monde dont il ne soupçonnait pas l'existence. Retrouvant le sens du réel, il découvre soudain un quatrième chiot qui se tient sagement assis, bien droit à l'écart de ses frères enragés au jeu, dans un angle du chenil. Alain Mercier retient inconsciemment son souffle et son cœur se met à battre un peu plus vite. Le petit chien immobile est une sorte de nounours couvert d'une pelisse soyeuse de poils noirs et frangée de flammes rousses. Oreilles déjà droites, il fixe ses trois frères d'un air protecteur, grave comme un chien d'âge. Puis, lorsque les lutteurs pataudes s'étendent de tout leur long, ivres de fatigue, il découvre lui aussi le nouveau venu.

Il demeure encore quelques instants figé, puis les angles aigus de ses oreilles tendues s'amollissent, il penche tout doucement de guingois sa tête noire, son front se creuse de deux rides profondes, ses yeux d'un brun pas encore affirmé s'éclairent. Il n'est plus le frère protecteur des jeunes chiens fous, il semble tout à coup avoir besoin d'aide lui aussi.

— Ce sera lui, murmure Alain en oubliant tous les cockers du monde. C'est lui !

L'éleveuse a saisi le contact qui vient de s'établir entre l'animal et l'homme.

— Alors, questionne-t-elle l'air amusé, qu'est-ce que vous pensez de mon petit pensionnaire ?

Le pompier ne peut plus reculer.

— Est-ce que vous pourriez me le sortir ? demande-t-il presque timidement.

La femme entrouvre la porte grillagée du chenil. Les trois lutteurs, croyant sans doute l'heure du repas venue, se ruent en trébuchant vers elle. Elle les repousse du pied sans rudesse, se baisse vers leur frère, se saisit de lui comme d'un sac, le prend dans ses bras ventre nu en l'air, flatte du bout des doigts l'écharpe douce qui entoure son cou, le dépose à deux mètres de son client et recule de quelques pas pour apprécier la rencontre.

Alain Mercier n'ose pas toucher le petit chien qui le considère par en dessous, la tête à nouveau coquinement inclinée de côté.

— Bon sang, se rend-il compte, ce petit salopard est en train de se foutre de moi... C'est comme s'il rentrait dans mon corps... Il va me forcer à l'emmener!

La marchande devine l'affaire presque conclue. Elle brise la magie de la découverte en ramassant à nouveau le chiot pour le tendre à son client sous le charme.

— Vous pouvez le caresser, l'encourage-t-elle, je vois bien qu'il vous plaît...

Alain Mercier refuse le contact tiède, comme s'il le pressentait trop lourd d'engagements. Il recule d'un pas, la femme n'insiste pas, elle repose délicatement le chiot à ses pieds.

Le petit animal s'ébroue, jappe aigu, s'assied et, redevenu parfaitement étranger à la rencontre, se met à lisser à grands coups de langue sa toison ébouriffée. La main de l'homme descend lentement vers lui. Elle hésitc à proximité de ses poils luisants. Elle avance encore, se pose sur sa nuque, doucement, tout doucement, et se fait soudain lourde en prise de possession. Alors, le chiot cesse de se lécher, lève la tête, et plante son regard dans celui du pompier penché sur lui.

— Je le prends, annonce Alain Mercier. Mais je dois convaincre mon épouse avant de l'emmener... Est-ce que je peux vous donner un chèque pour le retenir?

Le marché est vite conclu. Le prix d'achat n'a aucune importance, seule compte la possession du petit chien. La femme empoche le chèque. Le chiot rejoint ses frères. Alain Mercier se détourne difficilement de lui pour remonter dans sa voiture et filer sur Nice.

— Qu'est-ce qui m'arrive, se demande-t-il en conduisant comme un automate au milieu de la circulation rendue plus dense par la sortie des bureaux, j'ai pourtant déjà eu un chien... Mais je n'ai jamais ressenti ce que je viens de vivre!

Pressé d'aller annoncer la nouvelle à sa femme, le pompier sourit en revoyant un court instant la silhouette bâtarde de Belle, une petite chienne qu'il avait trouvée sans collier un soir de Sainte-Barbe, auprès de la caserne des pompiers de Juvisy-sur-Orge, dans l'Essonne.

— Elle n'avait pas quatre mois quand je l'ai recueillie, se remémore-t-il, les copains m'avaient affirmé que c'était un berger des Pyrénées, mais elle n'a jamais dépassé les trente centimètres de hauteur, cette farceuse !

Encore sous le choc de la rencontre avec le tout jeune berger allemand, Alain Mercier écarte de son esprit l'amitié sans faille qui l'avait uni à la chienne grise et blanche. Au bout de trois années, sa première épouse avait décidé de s'en débarrasser.

— Celui-là, se promet-il en chassant le souvenir pénible de la séparation pour retrouver le petit chien noir et feu, je le garderai toute sa vie... Personne ne m'en empêchera !

2

L'adoption

— Alors, comment est-il ce petit chien? Depuis que je suis rentrée du bureau, tu n'arrêtes pas de répéter qu'il est beau et qu'il va me plaire... J'aimerais tout de même en savoir un peu plus!

— Tu verras bien quand nous irons là-bas... Tu auras une belle surprise...

Alain Mercier ne s'est pas encore résolu à avouer à son épouse que le chiot retenu n'a pas beaucoup de ressemblances avec le cocker dont elle rêve, si ce n'est qu'il a, lui aussi, quatre pattes. Il choisit le silence, un peu gêné.

Il est plus de dix-neuf heures, le couple goûte sur sa terrasse la douceur du soir. Marielle voudrait en savoir plus sur son futur petit compagnon:

— Mais dis-moi quelque chose de précis sur lui... Tu n'es vraiment pas gentil...

Encore sous le coup de la rencontre avec le chiot, Alain Mercier demeure muet.

— C'est bon, tranche Marielle, tu m'appelleras quand tu seras décidé à parler... Je vais m'occuper du dîner...

Des bruits d'assiettes heurtant la longue table de bois qui prend une si grande place dans la salle à manger parviennent jusqu'à Alain. Son regard erre vers le sud, là où la vallée du

Gorbio s'évase. Menton y naît en touches ocre et blanches qui se perdent dans le bleu inconstant de la Méditerranée. Vers le nord-ouest, une écharpe de nuages s'effiloche en guenilles contre le mur gris du mont Agel. Plus au nord, le vieux village de Gorbio trône sur sa haute colline verte, au-dessus des volées majestueuses du viaduc qui met l'Italie à quelques poignées de minutes de Nice. Des palmiers ébouriffés par un vent léger, des citronniers à feuilles en fer de lance, des eucalyptus aux troncs lépreux, des mimosas, des acacias épineux, des saules, des plaqueminiers, des ifs et des pins tapissent la vallée. Le camaïeu qu'ils forment va du vert tendre des eucalyptus au noir des ifs effilés.

La voix un peu énervée de Marielle rompt la contemplation de son époux :

— Viens manger !

Le couple partage le dîner en parlant de tout et de rien. Alain Mercier fait ce qu'il peut pour ne pas laisser glisser la conversation vers le chien.

— Je suis encore de repos demain, dit-il enfin au moment du dessert. Je passerai te prendre et nous irons le voir à son chenil pendant ton heure de repas... Tu es contente ?

La jeune femme fixe longuement son mari. Acceptant la proposition, elle retient ses questions.

Alain Mercier est à l'heure au rendez-vous. Son épouse est pressée de faire connaissance avec le cocker.

— Nous trouverons bien le temps de manger un « pan bagna » après avoir vu le chien, propose-t-elle en montant dans la 504. Roule !

Le pompier lambine comme à plaisir aux approches du Cannet. Il redoute de mettre la jeune femme devant le fait accompli.

— Elle n'avance plus ta voiture, s'étonne Marielle.

La 504 bondit sur la route. Son conducteur a décidé de brusquer les choses.

— Mais si, mais si, elle roule bien, c'est moi qui roupillais !

Marielle jette un coup d'œil distrait sur le panneau à tête de chien-loup. La propriétaire du chenil est là, et son mari aussi.

— Alors, lance-t-elle en guise de bienvenue, toujours décidé ?

— Ben, c'est-à-dire, balbutie Alain Mercier en cherchant le chiot du regard, vous voyez, je suis venu avec ma femme...

L'éleveuse dévisage Marielle en souriant, et entraîne le couple vers les bergers allemands.

— Attendez, annonce-t-elle en clignant de l'œil à l'adresse de son client dont elle a deviné l'embarras, je vais le sortir...

D'autorité, elle cale le chiot dans les bras de sa cliente.

Marielle écarquille les yeux. Elle est gauche avec le chiot qui gigote pour se défaire de sa prise maladroite. Elle fixe la grosse boule de poils, incrédule, et lâche :

— Ce n'est pas un cocker !

Alain Mercier installe un peu mieux le petit chien dans les bras de son épouse.

— Eh non, tu vois bien, renchérit-il en plaidant sa cause du regard, ce n'est pas un cocker... Mais il a les poils longs !

Marielle ne paraît pas influencée par l'argument.

— Alors, interroge Mercier au bout de quelques secondes, il te plaît ?

Le chiot décide d'entrer dans le jeu des humains. Il cesse de se débattre, se fait mou, enfouit sa truffe brillante dans l'angle du coude droit de Marielle, roule des yeux énamourés et s'immobilise en soupirant très fort.

Quelques secondes passent encore, lourdes d'indécision. Alain Mercier sent des picotements courir le long de sa colonne vertébrale. Il guette le moindre signe de reddition de son épouse. Le silence perdure, agaçant. Alain trouve sa femme belle avec le chien. Il les veut, tous les deux ainsi réunis pour toujours.

Marielle échange une mimique d'incompréhension avec l'éleveuse. Le chiot s'agite tout contre elle. Il est chaud. Il est beau. Il est amical. Il est doux. Il est bon. Elle flatte machinalement le haut de son crâne noir, juste entre ses oreilles qui se redressent à la caresse. Devenu confiant, plus lourd dans l'abandon, l'animal relève la tête et, comme il l'avait fait la veille pour enlever la décision du maître qu'il s'est choisi, il plante son regard dans celui de la femme presque vaincue.

— On le garde, lâche Marielle en assurant encore sa prise autour du petit berger, il est trop mignon...

Alain Mercier est aux anges. Il bondit vers sa femme et, sans se soucier des témoins de la scène, l'embrasse fougueusement en pressant le chiot qui couine sous la violence de l'assaut.

— Mais tu lui fais mal, se plaint Marielle déjà tout à son rôle de maîtresse, tu pourrais faire attention, tout de même !

— Je vais vous régler ce que je vous dois, propose Alain Mercier pressé de conclure, et nous l'emmenons...

Un nouveau chèque est signé. Tout à sa joie, Alain Mercier veut hâter les choses :

— Viens Marielle, on y va...

L'éleveuse calme son impatience :

— Mais, monsieur, je ne peux pas vous laisser partir comme ça. Il faut d'abord que le vétérinaire le vaccine et que j'établisse ses papiers...

— Il va falloir combien de temps ? s'inquiète-t-il, comme si le ciel venait de lui tomber sur la tête.

— Je ne sais pas exactement... Quatre ou cinq jours...

Quatre ou cinq jours, c'est l'éternité.

— C'est bon, décide-t-il à regret, je repasserai le prendre quand tout sera prêt...

Marielle se sépare avec peine du petit charmeur que l'éleveuse remet au milieu de ses frères.

— Au fait, comment s'appelle-t-il ?

— Ric de l'Aire des Anges !

Alain Mercier retient mal le fou rire qui le gagne.

— On n'est tout de même pas obligé de garder ce nom à coucher sous la lune?

La femme sourit :

— Bien sûr que non... Ce nom n'est exigé que pour le livre des origines français...

Elle détaille en quelques mots la haute lignée du petit berger qui, sans doute lassé de l'intérêt qu'on lui porte, s'est allongé de tout son long contre le grillage de son box après s'être gorgé d'eau lapée dans une petite auge de plastique mordillé. Son père s'appelle Santo von Königsbruch, sa mère Nancy de l'Aire des Anges. Il est donc à moitié français. Sa grand-mère s'appelait Niky de la Carrière des Anges, ses deux arrière-grand-mères étaient dotées des jolis noms de Sally de la Carrière des Anges et Voulva de Gerbe de Granval, et ses grand-père et arrière-grand-père maternels se nommaient Juno de Gerbe de Granval et Vaid de Gerbe de Granval.

Du côté du père de Ric les noms sonnent plus sec: Arro von Schulgraben! Wilma von Kisselschlucht! pour les grands-parents, Canto von Wienerau! Birke von Haus Ditscher! pour les parents de son grand-père Arro, et Bredo Von Lichtburghof! Ossi von Kisselschlucht! pour les parents de sa grand-mère Wilma.

— Avec ça, s'il n'a pas du bon sang dans les veines ce serait à douter de tout, plaisante en lui-même Alain Mercier en remontant dans sa voiture, sacré petit bout de cabot!

Les jours qui suivent l'achat du chien passent comme un rêve. Les Mercier luttent pour ne pas parler du petit berger allemand. Ils s'énervent pour des riens, ne réussissent à se calmer qu'en cherchant un nom pour leur futur compagnon.

Marielle et Alain sont passionnés par l'Egypte. Les mystères des pharaons et de leurs pyramides les fascinent.

— Nous l'appellerons Khéops, décide Alain après de

longues discussions. Comme il a l'air aussi mystérieux que le jeune pharaon dont on ne sait pas grand-chose, ce nom lui ira bien...

Marielle est d'accord. Dès qu'il franchira la porte du chenil du Val-Scander, Ric de l'Aire des Anges prendra donc le nom du pharaon de la IVe dynastie qui a fait construire la plus haute des pyramides de Gizeh.

Le jour tant attendu arrive enfin. Alain est de repos. Il quitte la caserne Forty à sept heures. A huit heures trente il est au Cannet. Il a conduit machinalement tout au long de la route, rivalisant pour une fois de vitesse avec les bolides de la file de gauche.

— Quand Khéops sera grand, imagine-t-il déjà, nous achèterons un break pour qu'il soit bien à l'aise ...

Le chiot a été vacciné et tatoué. Tous ses papiers sont en règle.

— Il est maintenant tout à vous, s'entend dire son nouveau maître, pressé de l'emmener au bureau de sa femme.

— C'est plutôt moi qui suis tout à lui, se dit Alain Mercier après avoir pris congé des propriétaires du chenil.

Khéops, assis dos à la banquette avant de la Peugeot, lutte pour conserver son équilibre, oreilles bien droites.

— Couche-toi, mon pépère, lui conseille son maître, tu seras mieux...

Le chiot obéit. Mercier fronce les sourcils.

— Ça doit être une coïncidence, se dit-il, ce n'est pas possible qu'il m'écoute déjà...

Tout à la conduite de son véhicule, le pompier ne peut jeter que quelques coups d'œil tendres sur le chiot à demi assoupi. Sa main droite se tend parfois pour l'effleurer d'une caresse furtive. Puis la circulation devient d'une densité telle qu'il ne peut plus lui accorder l'attention qu'il voudrait. C'est le chiot qui se manifeste alors. Il se relève, se balance sur le skaï glissant et vient buter du nez contre sa cuisse.

— Qu'est-ce que tu veux, mon pépère ? s'inquiète Alain,

le cœur soudain emballé par la marque de confiance et d'affection naissante, ne bouge pas, je vais t'installer sur mes genoux.

Le chiot est bien. Il s'est lové dans la tiédeur de l'entrecuisse. Le bruit du moteur ne l'apeure pas. Les klaxons l'inquiètent à peine.

— Tiens, l'avertit Alain, on arrive chez Marielle, il va falloir te tenir, être digne... Il faut que tu sois bien sage avec elle. Pour qu'elle t'aime, Marielle... D'accord?

La voiture s'arrête. Le chiot se retrouve par terre, libère une petite flaque d'urine, bien aplati sur ses pattes écartées dans la poussière, jappe d'impatience pour forcer la marche des choses, puis se laisse happer par les bras de la jeune femme dont il se souvient vaguement, plus par l'odeur que par la silhouette. Luttant à peine, il passe de bras en bras, chaque compagne de travail de sa maîtresse voulant le toucher et l'embrasser.

— Oh là, oh là, fait mine de se fâcher Alain Mercier, il ne faut pas trop les prendre en main ces petites bêtes... C'est pas bon pour leur croissance!

Le pompier a lu ce qu'il affirme dans une revue cynophile distraitement parcourue, juste pour se faire une idée de ce qui l'attend dans sa nouvelle vie de propriétaire d'un berger allemand. Le couple récupère le petit animal tout étonné et copieusement parfumé.

— On va l'emmener avec nous à la cafétéria, propose Marielle qui s'est, d'entrée, arrogé le privilège de porter Khéops, je pense qu'on ne nous dira rien...

Le pompier fait la moue :

— S'ils ne veulent pas de lui, on ira manger ailleurs! annonce-t-il, déjà possessif.

Khéops est accepté. Il fait l'admiration de la clientèle du restaurant. Tout le monde le regarde et voudrait le caresser. Mercier se sent fier, comme il ne l'a peut-être jamais été.

— Pourvu qu'il mange, s'inquiète-t-il. Il a eu des émotions depuis ce matin. Nous l'avons séparé de ses frères et de sa mère... Le trajet en bagnole... Les filles du bureau... Et maintenant le restaurant !

Le chiot ne semble pas du tout ému par tous ces bouleversements. Il est très à l'aise, en confiance avec les maîtres qu'il s'est choisis. Il dévore sans vergogne une bonne part des steaks hachés que ces derniers ont commandés.

Alain Mercier rentre à Menton avec Khéops de nouveau blotti en rond entre ses genoux.

— Maintenant, mon pépère, annonce-t-il en garant la 504 au pied de sa résidence, juste au-dessous d'épaisses touffes de bambous vert pâle, tu vas voir ta nouvelle maison...

Le chiot renifle tout ce qui est à sa portée, et file droit vers un bois de pins.

— Eh là, doucement, le retient Alain.

Le petit animal ignore les conseils de l'homme. Il continue son bonhomme de chemin en ondulant tout heureux entre des touffes d'herbes hautes, découvrant la liberté. Un chat aussi gros que lui détale à deux mètres de sa truffe en crachant gueule ouverte toute sa haine des chiens.

— Khéops ! crie pour la première fois de sa vie Alain Mercier. Reviens ici !

Le nom hurlé par peur du chat porte sec. Le chiot stoppe net, recule, puis vient de sa course pataude se blottir entre les jambes de son maître.

— Il obéit déjà, se réjouit Alain en guettant d'un œil inquiet les réactions du chat à demi sauvage qui vit avec une douzaine de ses congénères dans une pile de coffrages abandonnés là par un promoteur à la fin d'un chantier. Je ne me suis pas trompé...

Puis il rectifie :

— Il ne m'a pas trompé !

Il prend le chien dans ses bras pour monter dans l'ascenseur de la tour où il loge.

— Oui, se dit-il, je suis certain d'avoir touché le gros lot !

3

Une journée de Khéops

Marielle et Alain Mercier apprennent à vivre avec leur chien. Et leur chien apprend à vivre avec eux. Puisque chacun y met du sien avec autant de bonne volonté, l'entente est très vite parfaite au huitième étage de la résidence Azur-Parc. Khéops s'est tout de suite, sans contrainte et sans déplaisir, plié aux règles de bienséance qui régissent l'univers des hommes. Dès la première nuit passée sous le toit de ses nouveaux maîtres, il ne s'est pas laissé aller à soulager sa vessie avant qu'on ne le sorte au matin sur la terrasse. Et, comme une douce caresse l'a remercié de sa civilité, il s'est décidé une fois pour toutes à éviter de souiller son nouveau lieu de vie.

— C'est vraiment un petit roi, avoue son maître au soir d'une journée de la fin mars, regarde : il s'installe comme un grand...

Marielle se sent fondre elle aussi en suivant le manège du chiot. Sérieux, il prend un à un dans sa gueule déjà armée de belles dents les petits jouets qu'elle lui a achetés pour les déposer sur l'oreiller qui lui sert de couche tout près du lit conjugal. Il ne se presse pas. Il se complaît dans le rite du coucher, comme s'il avait conscience du plaisir qu'il offre à ses maîtres. Il ne se couche sur son épais duvet que lorsque ses trésors, un os en caoutchouc, un poussin qui fait couic-couic quand on le mordille et un petit nounours en peluche sont bien rangés pour la nuit. Et il s'endort, poussant parfois de petits cris, agité de soubresauts, ruant des pattes tendues, aboyant même pour chasser quelque monstre surgi du néant de ses rêves. Inquiet au début, Alain Mercier a vite appris à ne plus faire cas de ces étranges manifestations du sommeil des jeunes chiens.

— Tu verras, promet-il à son épouse, quand nous aurons notre enfant ce sera encore plus merveilleux.

Les jours, les semaines et les mois passent ainsi en un bonheur parfait. Khéops est presque adulte.

— Demain, je l'emmène chez le vétérinaire, annonce son maître un soir de juillet 1981 lorsque son épouse rentre du travail. On ne sait jamais !

Mangeant en quantité raisonnable de la viande, du riz, des légumes ou des boîtes de Pal dont il raffole, Khéops ne court pas après les friandises et avale sans rechigner le calcium qu'on lui donne pour soutenir sa croissance qui s'achève.

— Je n'aurais jamais cru qu'un chien pouvait grandir si vite, s'étonne son maître en le brossant pour la visite médicale, il est bien loin le petit chiot du chenil !

Le vétérinaire conclut son examen en souriant :

— C'est vraiment un beau berger que vous avez là... J'en ai rarement rencontré d'aussi équilibré à son âge... Il devrait vous donner bien des satisfactions...

Ce n'est pas la première fois qu'un vétérinaire fait ce genre de remarque, et Alain Mercier se rengorge une fois de plus comme si les compliments lui étaient adressés. Il décide d'aller se promener en bord de mer avec son chien si sage et si sain.

Des passants se retournent sur eux. Khéops a tout perdu de sa démarche pataude et, inconsciemment sûr de sa beauté, il va parfois l'amble, calme et droit contre son maître. Ses longs poils soyeux ondulent. Leur mouvement de vague régulière l'embellit encore.

Alain Mercier n'a pas besoin d'utiliser sa laisse dans le désordre des promeneurs qui se pressent au bord de la mer. La Méditerranée est forte et pour une fois presque vide de planches à voiles multicolores. Le chien, qui aime flotter dans l'eau salée en essayant de mordre son écume fuyante, la fixe de temps en temps, l'œil gourmand, tout en réglant son allure sur celle de son maître.

Le duo parvient au bout de la promenade interdite aux véhicules.

— Tu veux aller te baigner?

Le chien ne se fait pas répéter deux fois l'invite. Son maître porte toujours un maillot de bain en cette saison et se défait prestement de son pantalon en le regardant filer vers la mer. Dans sa course folle, Khéops projette du sable derrière lui et plonge en aboyant sa joie dans les premiers rouleaux. L'eau brassée par le vent lui est douce. Les rares baigneurs interrompent leurs jeux pour suivre du regard sa nage régulière qui le mène droit vers le large. Il force ainsi jusqu'à ce que son maître le rappelle d'un cri.

— Moi, le prévient celui-ci une fois sorti de l'eau, je passe sous l'eau douce... Toi tu fais ce que tu veux...

L'homme et le chien se sont baignés tout près d'une aire d'éducation physique et Alain Mercier se défait du sel de la mer sous l'une de ses pommes de douche.

— Alors, s'impatiente-t-il sous le jet de gouttelettes, tu viens, oui ou non?

Khéops préfère s'ébrouer et se rouler dans le sable débarrassé chaque matin de ses salissures de la veille par des équipes du nettoyage municipal. A peine séché par le vent, son maître enfile son blue-jean et son tee-shirt.

— Maintenant, Khéops, on va manger une glace. Tu viens?

Le pompier ne cesse jamais de parler au chien. Les heures

qu'il passe avec lui s'écoulent dans une complicité totale. Il regrette de ne pas pouvoir l'emmener à la caserne lorsqu'il est de service mais accepte sans jalousie que son épouse le garde à son bureau de Nice dont il est devenu la mascotte choyée.

— Un peu trop gâté même, le Khéops, lance-t-il lorsque le chien mouillé s'est coulé entre ses jambes sous la table de la terrasse où les glaces sont les meilleures de la plage.

Khéops lui aussi parle à l'homme. Mais à sa manière, tantôt ouvrant toutes grandes ou plissant les paupières pour jouer de ses prunelles d'agate mordorée, tantôt remuant la queue, frottant la hanche contre sa jambe, le mordillant ou levant vers lui une de ses larges pattes antérieures.

Pour l'instant il est tout au plaisir de lécher en bavant un peu le fond de la coupe de glace vanille-pistache de son maître.

— Tout va bien, claironne le pompier en retrouvant son épouse à la maison, le véto trouve le chien parfait... Et toi ?

Un sourire d'une pudeur extrême éclaire le visage de la jeune femme.

— Moi, lâche-t-elle en marquant une pause dans son manège de rangement des courses, j'attends un enfant...

Mercier sent une boule de chaleur éclater dans sa poitrine, il est heureux, il exulte, bien qu'il ait déjà un fils, Frédéric, né de son premier mariage.

— Ce sera une fille, espère-t-il, et nous l'appellerons Jessica !

Le chien sent que quelque chose d'important vient de se passer dans sa famille. Soudain plus grave, il observe ses maîtres qui s'étreignent et demeurent longtemps enlacés. Puis, trouvant que les choses ne sont tout de même jamais que ce qu'elles sont, il aboie sèchement pour rappeler qu'il existe.

— Tu vas avoir une petite copine, mon beau pépère, lui

souffle dans le cou Alain en l'embrassant à son tour. Tu pourras jouer avec elle, et surtout la surveiller...

Marielle s'est retirée dans son étroite cuisine. Son mari calme son excitation en jetant un nouveau coup d'œil aux livres qu'il a achetés pour parfaire l'éducation de Khéops. Il sait maintenant beaucoup de choses sur les bergers allemands, tout ce qu'il faut faire ou surtout ne pas faire pour élever un chien de race. Mais il sait aussi que rien dans ses lectures ne se rapporte exactement aux comportements de Khéops.

— Tous ces bouquins sont écrits à partir d'un type de chien bien particulier, se dit-il en refermant un livre. En fait, c'est à chaque maître de trouver le truc avec son animal...

Lui, il a de la chance, il n'a pas eu besoin de trouver de truc car Khéops s'élève tout seul, dans la dignité, dans le respect total des différences entre l'homme et lui. Alain Mercier n'a jamais eu besoin de lui répéter par deux fois un ordre donné sur le ton du conseil. Khéops, par exemple, a tout de suite accepté de faire ses besoins dans les caniveaux de Menton, de ne pas courir après les chats qui rôdent le soir venu au pied de la tour Azur-Parc, de ne pas se jeter dans les jambes des gens, surtout dans celles des nombreux retraités qui déambulent sur la promenade du Soleil. Il a su très vite domestiquer la force étonnante qui bouillonne en permanence dans ses muscles durs, cachés sous les poils de son dos un peu voûté qui lui donne l'air d'être toujours prêt à bondir.

— Non, répète le pompier en s'attablant devant une salade niçoise, je ne reconnais pas mon Khéops dans ces livres... Ce n'est pas possible que tout marche si bien avec lui alors que je ne lis que des exposés de difficultés presque insurmontables...

— C'est peut-être parce qu'il est parfait, ton Khéops, le taquine Marielle, où alors c'est toi qui es parfait avec lui...

Un haussement d'épaules et un grognement inaudible sont les seules réponses d'Alain. La perfection n'existe pas, il le sait. Mais il en rêve pourtant. Et il fait tout pour l'approcher dans ses rapports avec Khéops qui l'épie de la salle à manger, museau posé entre ses pattes allongées, parallèles, en attendant la fin du repas pour rejoindre le couple sur la terrasse.

Marielle n'a jamais regretté le cocker qu'elle avait espéré. Elle aussi se sent en harmonie avec Khéops. Il n'a pas tout à fait les mêmes réactions, le même comportement avec elle qu'avec son mari. Il est sans doute un peu plus frère avec elle, plus joueur aussi, et en tout cas beaucoup plus doux. Elle l'aime un peu plus chaque jour tel qu'il est. Elle sait que les bergers allemands ne vivent pas vieux, dix ans, onze peut-être. Elle évite d'en parler, mais elle pressent que le temps passera très vite et que viendra trop tôt l'inéluctable séparation.

— Pour ce qui est des bouquins de dressage, poursuit Alain, le mieux serait encore que je fasse moi-même une synthèse de tout ce qui me paraît applicable à notre Khéops... Il ne faudrait surtout pas qu'il ait de mauvaises réactions lorsque la petite sera là... Tu es d'accord?

Marielle est de son avis. Après le dîner, ils descendent promener Khéops qui les attendait près de la porte en tenant en gueule la laisse qui ne leur servira pas.

Le vent est tombé. Ils marchent, longtemps enlacés, s'embrassant comme aux premiers jours de leur amour, bercés dans leur rêverie par la mélopée monocorde des grenouilles qui monte des bords étroits du Gorbio, pris sous un tunnel de végétation.

Quelques lucioles tracent des arabesques fugaces sous les troncs tors des sapins. Un rapace nocturne hulule, perché pas très loin d'eux.

— Viens, murmure Marielle en se faisant lourde contre son mari, rentrons...

Alain rappelle Khéops d'un sifflement discret. Le chien jaillit souplement d'un buisson et ouvre à ses maîtres le chemin sombre vers la tour Azur-Parc, fier de se rendre utile.

4

Le grand frère

Khéops a quinze mois lorsque va naître la petite Jessica.

— Ne t'en fais pas, tout va bien se passer, lui a soufflé Alain lorsque Marielle est partie à la clinique. Et je suis bien placé pour t'en parler...

Alain se souvient d'un de ces accouchements en catastrophe, qui avait demandé l'intervention des pompiers.

... L'ambulance conduite par un sapeur de veille à la caserne Forty, sirène hurlante, dérape en crissant des pneus dans les virages des gorges du Carei. Elle roule vers l'hôpital de Menton par une nuit d'hiver. Il est deux heures. Allongée sur une civière, une femme en sueur se tient le ventre à deux mains. Elle a mal. Elle a peur. Deux pompiers la veillent.

— Oh, proteste Alain Mercier lorsque le véhicule lancé à pleine vitesse se penche un peu plus dans une épingle à cheveux, doucement: y a pas le feu!

La plaisanterie éculée ne calme pas la jeune femme qui a tout juste pris le temps de passer une robe de chambre sur sa chemise de nuit.

— On est mal partis tous les deux, s'avoue Alain. Il a bien raison de rouler si vite le copain...

La femme s'agite de plus en plus. Alain Mercier passe délicatement une serviette sur son visage défait par la douleur.

— Je vais accoucher, je vais accoucher, répète-t-elle en grimaçant. Arrêtez.... Je vous en prie !

L'ambulance prend encore de la vitesse. Un hurlement couvre presque le bruit du moteur et les déchirements de la sirène.

— Bon Dieu, grommelle Alain Mercier, mais c'est vrai : elle va faire son enfant dans le bahut !

Le processus de la naissance est irrémédiablement engagé. Tout ce qu'Alain a appris sur les accouchements au cours de ses stages de sapeur lui revient à l'esprit. Il voit le crâne noir du bébé, tout gluant, qui émerge du ventre de sa mère. Il se mord les lèvres, et tend les mains vers cette vie qui s'offre toute chaude à lui.

— Poussez, madame, poussez, conseille-t-il lorsque l'ambulance s'arrête à moins d'un kilomètre de l'hôpital, tout va aller vite maintenant...

La femme lève très haut les genoux, ferme les yeux, souffle rauque, et s'abat toute molle sur la civière, libérée.

— Démarre, bon Dieu ! hurle le pompier.

Le moteur s'emballe en une fraction de seconde. Alain Mercier tient le bébé vagissant au-dessus des cuisses de sa mère. Il contemple le cordon ombilical, se rappelle les gestes appris à Paris, mais décide de ne pas le couper puisque les lumières de l'hôpital grandissent devant l'ambulance.

— Les toubibs feront ça bien mieux que nous, explique-t-il, ça vaudra mieux pour le petit...

L'accouchée tient son bébé contre elle. L'ambulance stoppe dans un crissement de pneus torturés. Des infirmiers sont là. L'enfant et la mère disparaissent. Les pompiers demeurent seuls dans la nuit fraîche.

— Ouf, souffle Mercier, ça ne s'est pas trop mal passé... Allez, on rentre à Forty...

— Tu vois, Khéops, je n'étais pas bien fier... C'est tout de même beau la vie quand elle vient !

Alain va dans sa salle de bains pour prendre quelques objets de toilette que son épouse lui a réclamés.

— Toujours aussi ordonnée, Marielle, constate-t-il en souriant, elle a même préparé une chemise de nuit pour le jour de son retour...

Khéops reste seul dans l'appartement.

— Ça ne servirait à rien que je t'emmène, lui a expliqué son maître avant de refermer la porte. Je ne peux pas te faire entrer à l'hôpital et tu serais obligé de rester dans la voiture...

La porte claque sec. Le chien la fixe, espérant qu'elle se rouvrira. Puis il attend le bruit de l'ascenseur, toujours assis là où son maître l'a laissé et, certain alors d'être obligé de rester seul pendant quelques heures, il va se coucher tranquillement sur la terrasse après avoir lapé de l'eau fraîche dans un large bol rempli à ras bord. Il écoute le bruit bien caractéristique du moteur de la vieille 504 qui s'éloigne. Un ronronnement qu'il reconnaîtrait entre mille et qu'il saisit de très loin à la fin de chaque nuit de service du pompier.

Le temps n'a guère d'importance pour les chiens. Khéops est tout de même inquiet. Il pourrait compter sur les ongles d'une patte les fois où ses maîtres l'ont laissé seul à la maison. Cette Marielle, qui s'épaississait curieusement un peu plus chaque jour, n'est pas revenue... Par deux fois aujourd'hui, son maître ne l'a pas emmené dans la vieille 504... Oui, il y a matière à réflexion.

Quatre heures de solitude passent ainsi. Il fait bon sur la terrasse. L'animation croît dans les parkings. Des bruits de moteurs, des éclats de voix, des claquements de portières annoncent à Khéops que les hommes commencent à revenir de leur travail. Il se relève et décide de faire une fois encore le tour de son domaine, en reniflant tous les objets des absents, surtout le curieux petit lit qui n'irradie aucune odeur d'humain et que son maître a installé il y a quelques jours dans la seconde chambre de l'appartement. A quoi peuvent bien servir les petits jouets en peluche qui le jonchent et qui n'ont rien d'aussi agréable à l'odorat que son ourson à lui ? Son inspection le conduit dans la chambre, là où il dort quand il ne fait pas trop chaud, tout contre le lit de ses maîtres, puis il pénètre dans la salle de bains en repoussant du nez sa porte mal fermée.

La pénombre de la pièce aux murs blancs ne l'empêche pas de repérer des piles de linges bien repassés qui lui sont inconnus. Il ne s'attarde pas à les renifler car une bonne odeur l'attire. Il remue la queue en reconnaissant le parfum de la maîtresse inexplicablement absente. L'odeur aimée s'évade de la chemise de nuit bleu pâle bien pliée qui déborde de la machine dont il n'a jamais apprécié l'agaçant ronronnement.

Khéops n'a pas besoin de lever très haut le museau pour poser sa truffe sur elle. Il la hume longtemps, comme pour se persuader que sa maîtresse est encore là. Puis il la prend délicatement du bout des dents, file dans la chambre en la traînant derrière lui. Après une courte hésitation, il saute sur le large lit, l'étend du mieux qu'il peut à la place de Marielle, et se couche à demi sur elle.

Il est tard lorsque Alain Mercier ouvre d'un tour de clé impatient la porte de l'appartement et se dirige vers la terrasse où il pense trouver son chien.

— Khéops, appelle-t-il en découvrant la place vide, où es-tu ?

Le chien ne se manifeste pas. Le pompier fronce les sourcils. Il inspecte en vain la minuscule cuisine, se penche dans une encoignure sombre de son salon, entre le large pot d'un caoutchouc géant et sa haute bibliothèque d'acajou.

— Il n'est pas là non plus... Il veut me punir de l'avoir laissé tout seul, avance-t-il en se redressant, il doit être caché dans une des chambres. Je vais jouer le jeu...

La chambre du bébé est vide. La salle de bains aussi. Alain Mercier fait durer le plaisir, il fait mine de chercher encore avant de pénétrer dans sa chambre.

— Ça alors ! lâche-t-il en découvrant le spectacle du chien couché tout de son long sur la chemise de nuit de Marielle.

Khéops ne bronche pas.

— Alors, qu'est-ce que tu fais là ? Tu n'es jamais monté sur le lit !

Le berger remue doucement la queue sans relever son nez noir. Son maître le chasse sans rudesse.

— Elle va être sidérée ta maîtresse quand je vais lui raconter ce que tu as fait, lui dit-il en mêlant ses doigts aux longs poils chauds du fautif.

La petite fille voulue par les Mercier est au rendez-vous le mercredi 12 mars. Elle reçoit comme prévu le joli prénom de Jessica. Son père est fou de joie. Il raconte inlassablement le bébé à Khéops et, pour préparer leur rencontre, il lui fait longuement sentir des petits vêtements qu'il a portés.

La veille du retour de sa femme et sa fille à la maison, il dépose un à un, ostensiblement et à gestes lents, les effets minuscules dans le petit lit prêt à accueillir le bébé. Khéops le regarde faire.

— Je crois que tout ira bien, pense Alain en se couchant.

Tant espérée et redoutée, l'heure de la rencontre arrive. Alain et Marielle sont émus en sortant de leur ascenseur.

— Attends, prévient Alain en portant son enfant, il est sûrement derrière la porte ! Je passe le premier...

Khéops ne manifeste pas de surprise. Il fixe le bébé de ses yeux ronds, puis il frôle de la truffe la petite chose tiède qui sent si bon, la renifle, et la reconnaît comme quelqu'un de la famille.

Alain Mercier a saisi l'intensité du contact. Son cœur bat très vite. Il est heureux.

— C'est gagné ! lance-t-il à son épouse, il va l'aimer...

Les retrouvailles avec la maîtresse ne sont que dignes, moins folles qu'à l'habitude car l'enfant est déjà le roi et capte toute l'attention du grand chien qui ne le quitte pas du regard lorsque son père l'a déposé dans son petit lit.

— Qu'est-ce qu'on fait, s'inquiète Marielle au moment de se coucher, on laisse ouverte la chambre de la petite ?

Alain Mercier n'hésite pas :

— Bien sûr, tu as peur de quoi ?

Khéops ne s'étend pas à sa place habituelle au retour de la promenade du soir. Il va et vient de la salle à manger au bout du couloir.

— Qu'est-ce qu'il fabrique ? s'inquiète encore Marielle. Il n'a pas l'air de vouloir se coucher !

Lorsque les déplacements furtifs du chien cessent, Alain se lève doucement pour voir où il s'est couché. Il revient près de sa femme qui ne trouve pas le sommeil.

— Cette fois, lui chuchote-t-il, tu peux dormir tranquille !

— Pourquoi, tu as fermé la porte de la petite ?

— Il l'a adoptée, répond fièrement Alain. Il s'est allongé au pied de son lit... Il la garde !

5

La révélation

La naissance de Jessica a bouleversé la vie de Khéops. Il passe son temps à la veiller. Il ne descend qu'à contrecœur en promenade, demande à remonter tout de suite une fois ses besoins satisfaits. Le bébé grandit et Alain Mercier goûte un peu plus chaque jour les liens qui se tissent entre lui et le chien. Il se laisse aller parfois à partager son émerveillement avec ses meilleurs amis, comme il le fait en cette fin de nuit de veille à la caserne Forty.

— Ton Khéops, lui affirme son interlocuteur, tu devrais le faire dresser... Je suis sûr qu'il ferait un bon chien de décombres pour nous...

— Je ne l'ai pas pris pour le faire travailler, rétorque Alain. Il veille jour et nuit sur la petite, et ça suffit comme ça !

— Moi, tu sais, poursuit le jeune pompier qui s'est défait de son casque et recoiffé d'une casquette de toile rouge, ce que je t'en disais c'est pour le bien du chien... Regarde la Dolly d'Audiffren, tu la trouves malheureuse ?

Henri Audiffren est adjudant à la caserne Forty, et Dolly une belle chienne de trois ans, un berger allemand à poil ras, a suivi un stage de chien de décombres au centre national de dressage de Briançon dirigé par François Rostolland, un maître dans sa partie. Alain Mercier connaît bien la chienne, il l'a vue travailler à la recherche de personnes égarées. Il devine le plaisir que doit éprouver l'adjudant à travailler dans le maquis avec elle, mais il refuse de faire la même chose avec Khéops.

– Ça doit les user les pauvres bêtes, plaide-t-il. Et elles n'ont plus la même vie quand on a commencé à les faire bosser sérieusement... Rien ne dit, d'ailleurs, que mon Khéops aurait les qualités requises pour ce genre de boulot...

Un klaxon d'alerte met un terme à la conversation. Ses appels rauques vident en une seconde la salle de repos des hommes de garde. La vieille caserne Forty crache en moins de deux minutes trois véhicules toutes sirènes hurlantes. Mercier et son compagnon oublient les chiens de sauvetage en assurant difficilement leur équilibre dans les courbes du boulevard Gallieni négociées au plus juste par le chauffeur du camion-pompe dans lequel ils se sont hissés en voltige.

Le feu n'est qu'un sinistre de routine. Prise en tenaille par de puissants jets d'eau, la maison isolée qui risquait la ruine totale sans l'intervention immédiate des hommes du capitaine Veillon ruisselle et fume. Des voisins accourus dès le début de l'incendie, femmes et enfants enroulés dans des châles ou des couvertures, commentent l'action des pompiers avec des accents de soleil. Les sapeurs casqués à l'ancienne les ignorent, et les bousculent même pour tendre leurs tuyaux durcis par la pression de l'eau. Au petit jour, les camions repartent vers la caserne et seuls deux pompiers demeurent en piquet de sécurité sur le site empuanti par une infecte odeur de caoutchouc cramé.

Heureux de rentrer à la maison, Mercier quitte fourbu le service pour quarante-huit heures.

Comme toujours, Khéops a entendu la vieille 504 gravir la côte qui mène aux parkings de la tour Azur-Parc. Il fait une fête silencieuse à son maître, comme s'il avait peur de réveiller la petite Jessica. Puis le pompier se sert un petit déjeuner en retenant lui aussi ses gestes pour ne pas faire de bruit.

— Allez, viens le chien, lui lance-t-il, une fois rassasié, on descend...

Le pompier suit du regard le chien qui escalade sans effort un talus abrupt et se retourne pour aboyer vers lui d'un air de dire :

— Tu as beau être perché sur tes deux pattes de derrière, je suis sûr que tu ne peux pas grimper jusqu'ici aussi vite... Pas vrai ?

L'homme entre dans le jeu du chien. Il lui prouve qu'il est tout aussi capable de dévorer la grimpette en quelques enjambées. Khéops file alors pour disparaître dans le petit bois dont il connaît par cœur le moindre recoin. Des chats s'échappent en miaulant. Khéops s'amuse de leur fuite mais, dédaigneux, ne se lance pas à leur poursuite.

— Tu as bien raison, le félicite son maître qui l'a rattrapé, ce ne sont pas des fréquentations pour toi...

Le temps se fige en jeux chaque jour répétés mais jamais tout à fait pareils. Khéops bondit dans les herbes à la recherche d'une branche de pin, gluante de résine, que lui lance et relance le pompier.

— Il a sans doute raison, le copain de cette nuit, se laisse aller à imaginer Alain en voyant Khéops cheminer en équilibre sur un tas de madriers dévorés par les mauvaises herbes. Il ferait sans doute un bon chien de recherches... Khéops, pour la trentième fois au moins, ramène la branche marquée de ses dents puissantes.

— Tu es bien trop heureux comme ça, lui dit Alain Mercier. Tu ne travailleras jamais !

L'après-midi, Alain et Khéops vont se promener en Italie du côté des rochers de Mortola-Inferiore qui bordent la mer à quelques dizaines de mètres seulement de la frontière.

Khéops apprécie les plongeons du haut des rochers. Il fait mine de grimper sur l'un d'eux, gris et roux, qui domine l'eau calme de plus de trois mètres. Puis il se retourne pour demander et obtenir l'autorisation de sauter.

— Dire que les premiers temps il fallait presque que je te pousse...

Le chien, quand il n'avait pas encore un an, s'arrêtait longtemps sur la crête du rocher avant de plonger. Il avançait la tête au-dessus de l'eau, trépignait, couinait, s'énervait, reculait, revenait au bout du rocher, se plaignait encore, puis, comme font tous les plongeurs débutants, qu'ils soient hommes ou chiens, il se laissait tomber sans grâce dans la mer, pattes écartées comme pour se retenir encore. Le plaisir après l'appréhension était si fort qu'il nageait vite vers la base des rochers, remontait sur son plongeoir improvisé, jappait à nouveau frénétiquement, reculait, avançait, dansait sur ses pattes raidies par la peur et sautait à nouveau, à chaque fois un peu moins gauche. Le jeu grisant se poursuivait jusqu'à ce que le maître décide de rentrer en France, là où les chiens ne sont pas tolérés en liberté sur les plages.

Quelques mois après ses premiers plongeons, Khéops n'a plus rien d'apeuré. Il plonge tête droite, pattes avant bien raides et cuisses repliées, nage, remonte sur le rocher, replonge, nage encore et, infatigable, aboie de bonheur à chaque saut dans l'eau pour, enfin lassé, secouer au ras des rochers sa pelisse de poils plaqués, et venir s'allonger langue pendante aux pieds de son maître.

— Heureusement que j'ai amené une serviette, lui fait remarquer Alain qui ne s'est pas baigné malgré les invites directes de son compagnon.

Le pompier frictionne vigoureusement Khéops qui se laisse faire avec délectation.

— Tu sens bon, lui avoue-t-il, tu sens le bon chien mouillé et le sel...

S'estimant assez bichonné, Khéops s'ébroue une dernière fois pour réordonner son pelage.

— On dirait qu'il a envie de rentrer à la maison, s'étonne Alain, il me montre la voiture... Il s'ennuie de sa petite copine !

Le chien est fou de joie en remontant dans la 504.

— Bientôt, lui promet Alain, nous viendrons par ici avec la petite... Et tu l'amuseras en lui montrant comment tu sais plonger... Tu es d'accord ?

Khéops ne sait pas pour quoi il est d'accord, mais il remue la queue en signe de complète approbation, pour faire plaisir à son maître.

La famille Mercier goûte le début de l'été en se promenant dans le domaine privé de Cap-Martin, où une de leurs amies gère un club-house fréquenté par une clientèle de retraités aisés.

Le quatuor, Alain et Marielle se tenant par la main, Jessica assise dans sa voiture, et Khéops trottinant tout près d'eux, paresse entre des bouquets épais de lauriers-roses.

Jessica se délie les doigts en jouant avec la courroie de cuir de l'appareil de photographie de son père. Elle babille pendant que ses parents parlent du prochain enfant qu'ils veulent. Alain a lancé quelques bouts de bois au chien, de plus en plus loin par-delà les boqueteaux, puis il s'est lassé du jeu et rêvasse tout en marchant. Soudain, Khéops le frôle, curieusement pressé, et s'assied bien droit à une vingtaine de mètres devant ses maîtres.

— Qu'est-ce qu'il a dans la gueule ? s'inquiète Alain. Avec le soleil je ne vois rien...

Tout éclaboussé de lumière, le berger allemand ressemble à une statue de bronze. Il ne bouge pas jusqu'à ce que ses maîtres soient parvenus à trois mètres de lui. Il se lève alors et, balançant l'objet qu'il tient entre ses mâchoires, semble pouffer de rire tellement ses yeux brillent.

— Ça alors, souffle Alain Mercier. Regarde, Marielle, c'est notre appareil qu'il tient dans sa gueule... La petite a dû le laisser tomber sans que nous nous en apercevions...

Khéops a toujours eu l'instinct de propriété, que ce soit avec ses petits jouets qu'il a conservés en aussi bon état qu'aux premiers jours de ses jeux de chiot ou avec les affaires de Jessica. Mais de là à retourner sur ses pas après s'être aperçu que quelque chose manquait dans la voiture de la petite !

— Donne, lui demande Alain, tu es formidable... Tu as bien mérité une glace !

Impressionné par la réaction du chien, le pompier demeure longtemps sans parler. Les paroles d'encouragement de ses compagnons de métier lui reviennent en vrac :

— Tu devrais le faire dresser, s'entend-il conseiller en écho.

— Un chien comme lui pourrait rendre beaucoup de services dans la montagne, affirme une autre voix.

— Ça ne te coûterait rien d'essayer, appuie un troisième pompier, je suis sûr que cela te plairait de travailler toujours avec lui...

Babines encore souillées d'un reste de glace, Khéops fixe son maître d'un air encore plus grave que d'habitude.

— Ah non, gronde ce dernier soudain mal à l'aise, ne t'y mets pas toi aussi... Ou alors...

Et, prenant soudain sa décision :

— Eh bien, puisque c'est comme ça, nous allons commencer à travailler... Mais tous les deux, sans rien dire à personne. Tu veux bien ?

Le chien remue la queue pour prouver sa bonne volonté.

— Marielle, dit alors Alain, demain je vais commencer à dresser Khéops...

La jeune maman est perplexe. Elle sait depuis longtemps que son chien n'aboie jamais quand il ne faut pas le faire, qu'il marche toujours près d'Alain en ville, qu'il obéit bien aux ordres primaires du dressage appris dans les livres : Assis... Pas bouger... Au pied... Il n'agresse jamais ses congénères, et il sait faire toutes sortes de tours de cache-cache sans qu'on lui ait jamais rien appris.

— Mais, s'étonne-t-elle, pourquoi le dresser... Et à quoi faire ?

— Ça, avoue le mari un peu pris au dépourvu, je n'en sais trop rien, nous verrons à la longue... Et, après tout, ce sera peut-être lui qui va me dresser...

6

Apprentissage solitaire

Alain Mercier se replonge avec passion dans ses lectures cynophiles.

— Pour que ça marche vraiment, confie-t-il à Marielle, j'ai la triste impression qu'il ne faut pas faire de sentiment... Il n'y a pas beaucoup de tendresse dans tout ce que je lis... Le chien n'est le plus souvent qu'un matricule sans âme...

Marielle hausse les épaules. Elle a peur que son Khéops s'éloigne d'elle, mais elle se rassure lorsque Alain lui explique ce qu'il compte faire du chien.

— Je vais essayer, mais est-ce que je serai capable de le faire, de l'amener petit à petit au niveau d'un honnête chien de recherche... Mais pas plus. Nous ne l'avons tout de même pas habitué à vivre en famille pour en faire un mercenaire !

Le pompier déteste le mauvais sort que certains dresseurs font subir à de braves chiens qu'ils transforment en bêtes sauvages et que maîtrisent ensuite avec peine des vigiles baptisés à la va-vite maîtres-chien.

— Tu te rappelles, fait-il remarquer à son épouse, le pauvre berger qui était l'autre jour à la laisse devant la banque... Il était affalé en plein soleil, assoiffé, malheureux. Le gars qui le tenait n'avait pas l'air beaucoup plus en forme que lui... Moi j'aurais honte que mon chien participe à cette mascarade de gardiennage !

Khéops se prête bien volontiers aux nouveaux jeux de son maître qui reste toujours aussi doux avec lui, sinon plus. Il accepte même le rythme spartiate de nourriture qu'on lui impose. Il ne mange plus qu'une fois par jour, le soir, et cela lui suffit.

Le pompier utilise la moindre minute de ses jours de repos pour endurcir son ami. Ils courent pendant des heures dans les maquis de Castillon, au nord de Menton, en pleine montagne. Lorsqu'ils sont fourbus, ils s'installent assis l'un contre l'autre, haletants, face à la mer qui luit au loin. Le temps passe alors avec une extrême douceur jusqu'à ce que le maître-chien bien reposé donne le signal du départ vers la 504, garée le plus souvent au col de Castillon, un peu en retrait des ruines d'une église au toit arraché par des obus de la marine française au moment de la préparation du débarquement allié d'août 1944.

— C'est tout de même un joli coin, ce village oublié, apprécie à haute voix Alain Mercier, comme si Khéops pouvait le comprendre, j'aimerais bien un jour relever une de ses ruines... On serait bien ici... Tu ne trouves pas ?

Comme toujours lorsque son maître lui pose une question, Khéops remue la queue. Il a encore envie de travailler, ou plutôt de jouer, puisque le dressage très souple de son maître lui est une fête permanente. Le message passe.

— Couché... Pas bouger ! lui ordonne Alain.

Le chien se plaque ventre au sol tiédi par le soleil encore au zénith. Le pompier lui fait sentir son briquet et se dirige à pas pressés vers un mur à demi écroulé en dessous d'une piste mal marquée dans les halliers d'arbres secs. Toujours sans se retourner, mais en faisant bien attention que son ami puisse voir ses gestes, il enchâsse le briquet entre deux pierres mal jointes. Il se redresse, fixe le chien transformé en statue par son ordre, et lui crie :

— Cherche, le chien !

Khéops file vers le mur, trouve tout de suite le briquet, le fait tomber au sol en grattant de sa patte droite l'orifice de la cachette, le saisit du bout des dents et, l'air narquois, fixe son maître dans les yeux.

— Ça va, ça va, grommelle Alain, faussement fâché, ne te fous pas de moi ! Je sais bien que c'est trop facile pour toi ce petit jeu... Mais il faut que tu sois patient avant de passer aux choses plus sérieuses.

Khéops a décidé de jouer encore à travailler. Ses mimiques obligent l'homme à accepter de poursuivre la leçon.

— C'est toi le maître ? Ou moi ? lui fait-il tout de même remarquer.

Cette fois, après avoir donné à Khéops l'ordre de ne pas bouger, il court derrière l'église, demeure longtemps caché dans ses éboulis, en ressort en faisant mine de toujours tenir le briquet dans un poing fermé, se dirige comme la première fois vers le mur par endroits criblé d'impacts de la guerre. D'un cri, il libère Khéops.

Le berger accourt vers lui, le renifle, traîne trois secondes au pied du mur, le renifle encore, puis le délaissant, court à longues battues vers l'église en partie mangée par un roncier géant.

— Il va encore gagner, prévoit Alain Mercier toujours émerveillé des réactions de l'animal, mais cette fois-ci je pense qu'il va avoir du mal !

Khéops tourne et vire dans la nef écimée. Il couine d'énervement. C'est sa façon à lui de protester contre le maître qui a triché. Il creuse dans une coulée de terre ocre vomie par un angle de mur où demeure une niche depuis longtemps vide de sa statue, recule indécis, hume frénétiquement la base d'une grosse pierre taillée, gratte sous elle, et bat de la queue en saisissant l'odeur familière du briquet. Il aboie très sec. Son maître reconnaît le message de victoire, il se hâte pour flatter Khéops et lui demande de bien vouloir arrêter le travail.

— Il faut que nous rentrions à la maison, plaide-t-il après

avoir repris le briquet rouge, Marielle et Jessica nous attendent...

Le chien jappe doucement au nom de Jessica. Il accepte de monter dans la 504 aux tôles surchauffées. Son maître pose encore longtemps le regard sur une ruine qui étale ses pierres, aux trois quarts fondue dans la verdure, en dessous d'une réserve d'eau qui ne sert plus à personne.

— Tu vois, dit-il en enclenchant la première vitesse de la Peugeot, si ça se trouve, c'est celle-ci que j'achèterai un jour... Il y aura du boulot, tu peux me croire... Mais ça ne nous fait pas peur le travail, hein, mon chien?

Khéops ne réagit pas. Il est las. Il somnole à l'arrière de la voiture. Son maître conduit en sifflotant dans les lacets étroits de la route de Sospel.

— C'est vrai, se répète-t-il comme à chaque fois qu'il redescend du village mort, j'aimerais bien vivre là-haut...

Et il se souvient d'une légende que lui a racontée une vieille femme de Castillon, reconstruit peu à peu au sud du mont Razet porté au blanc par le soleil...

... C'était bien longtemps avant l'apocalypse de la guerre. Le village de Castillon comptait alors une dizaine de feux, éparpillés tout autour de sa petite église. Il y avait un boulanger, un lavoir, et les gens ne descendaient pas souvent à Menton pour y faire leurs courses. Un matin, tous les paroissiens s'étaient étonnés de ne pas entendre le son familier de la cloche de leur église. Puis encore plus lorsqu'elle n'avait pas sonné l'angélus de midi, ni celui du soir.

Il avait fallu se rendre à l'évidence: la cloche ne sonnerait plus pour la simple raison qu'elle avait disparu!

Une enquête, menée de pair par les gendarmes et les villageois de Castillon, avait permis de confondre un jeune homme, un peu simplet. L'innocent avait dérobé la cloche. Dès le lendemain, elle marqua les heures avec une ardeur nouvelle. Les années passèrent, elle sonna des mariages, des baptêmes, des communions et, hélas, le tocsin.

A l'aube d'une journée d'un hiver particulièrement rigoureux, un de ceux qui enneigent les cimes de la montagne au plus près de la mer, elle refusa de carillonner sa première volée du jour.

— Qu'est-ce qui se passe, se demandèrent alors les villageois, on ne nous l'a pas volée une nouvelle fois, tout de même ?

La cloche ne tinta plus jamais. L'innocent qui l'avait un jour dérobée, peut-être par amour, était mort au matin...

... Alain Mercier se détourne un instant de la conduite pour jeter un coup d'œil sur Khéops qui récupère des longues courses de la matinée, jeté de droite à gauche à chaque épingle de la route.

— Eh oui, ils sont comme ça les gens de par ici, ils ont toujours une belle histoire pour expliquer les choses... Moi, je crois tout simplement que la cloche s'est fendue sous le gel...

L'ancien gavroche du XVIIIe se sent à l'aise dans ce pays qu'il aime.

— Ce n'est pas une blague, dit-il à Marielle, je pense sérieusement que nous pourrions rebâtir une ruine là-haut...

La jeune femme est d'accord.

— C'est bien, se réjouit son mari. Nous aurons tout le temps de bien le choisir, notre tas de cailloux...

Alain Mercier prend chaque jour un peu plus de plaisir à faire travailler Khéops. Le chien atteint vite un niveau exceptionnel. Sa faculté de ramener des objets devient une véritable règle de vie. Le pompier ne peut plus rien laisser traîner, pas même un porte-clés sur une table de terrasse de café, sans que le chien lui ramène l'objet oublié, avec toujours l'air de le rappeler à l'ordre.

— Je sais bien ce que tu veux me faire comprendre, reconnaît Alain après avoir laissé tomber un étui de peigne sur la promenade du Soleil, tu veux me dire que je suis un foutu tête-en-l'air qui égare toutes ses affaires... Tu as raison, mais tu ne peux pas savoir que je fais l'andouille pour t'apprendre le métier.

Les deux inséparables compagnons se dirigent une fois de plus vers le port de Menton, le but favori des promenades citadines du berger allemand qui commence à être reconnu sur le bord de mer.

— Et si, après tout, se demande soudain Alain, c'était lui qui se jouait de moi... Il est peut-être en train de me dresser...

Les deux promeneurs s'engagent sur le quai de l'Impératrice-Eugénie, où il n'y a pas grand monde car le vent en a chassé beaucoup d'estivants.

— Cours, ordonne le pompier au chien qui l'intrigue chaque jour un peu plus depuis qu'ils travaillent sérieusement tous les deux, va jusqu'au bout, plonge et reviens !

Khéops disparaît à la vue de l'homme. Un *plouf* épais marque son entrée dans l'eau.

Alain Mercier s'est assis sur un bloc brise-lames et suit la nage souple du chien qui revient vers la plage des Sablettes. Il pressent qu'il va falloir passer à d'autres travaux pour achever son dressage. A part quelques paroles anodines échangées avec le maître de Dolly, il n'a encore jamais parlé sérieusement de ses essais de formation aux gens de son entourage professionnel. Il sait que pour parfaire le travail il lui faudra un jour ou l'autre s'inscrire au stage de chien limier-traqueur du centre spécialisé de la Sécurité civile de Briançon dirigé par François Rostolland.

— Mais, s'inquiète-t-il soudain en voyant Khéops qui, sorti de l'eau, demeure assis près d'un inconnu tenant d'une main un vélomoteur, qu'est-ce qui se passe là-bas...

Projeté d'un saut à bas de son perchoir, le pompier s'approche discrètement du quidam qu'il ne voit que de dos.

Khéops s'est aperçu de son mouvement, mais il ne bouge pas.

— C'est tout de même curieux, s'étonne-t-il, il n'a jamais réagi comme ça !

Il parvient près de l'inconnu.

— Ça alors, grommelle-t-il, mais il le tient en laisse... Il veut me le voler !

Alain est prêt à sauter sur le ravisseur. Il pratique le karaté depuis l'âge de quatorze ans et arme déjà le coup qui libérera Khéops mais, maître de la moindre de ses pulsions, il se contrôle et choisit la manière douce.

— Vous avez un beau chien, lance-t-il au voleur, quel âge a-t-il ?

L'homme ne se démonte pas. Son accent chante en réponse :

— Un peu plus de deux ans...

Les regards du chien et de son maître se croisent. Le pompier fait signe à Khéops de ne pas broncher. Perplexe, le berger ne semble pas bien saisir ses intentions mais demeure assis en attendant les ordres.

— Et, poursuit alors Alain Mercier dont le visage est durci par la rage, pourquoi le promenez-vous avec votre Mobylette ?

L'inconnu n'est pas très grand. Il est vêtu d'un bleu de travail éculé, coiffé d'une casquette de toile déformée, comme en portent les ouvriers du bâtiment sur les chantiers des faubourgs mentonnais.

— Eh, vous savez, ces chiens-là, il faut les faire courir !

Alain Mercier s'est placé dos aux arcades de Menton pour couper la route au voleur au cas où ce dernier essaierait de filer en traînant le chien derrière lui.

— Il est bien calme en tout cas votre berger, poursuit-il, décidé à voir jusqu'où iront les mensonges de son vis-à-vis. Ça doit demander du temps et du soin pour rendre un chien si docile...

— Ça, reconnaît l'homme, c'est bien vrai... Il faut les travailler tous les jours...

Mercier fait un signe de la main à Khéops pour l'inviter à ne toujours pas bouger.

— Ah bon, reprend-il patelin, j'ai l'intention d'acheter un chien comme le vôtre... Vous ne pourriez pas lui faire faire quelques mouvements d'obéissance ? Juste pour que je me fasse une idée.

L'homme espère peut-être la bonne affaire.

— Au pied ! ordonne-t-il à son prisonnier.

Khéops ne réagit pas.

— Au pied, je te dis !

Le chien ne remue pas un seul gros poil de ses moustaches. Alain Mercier commence à s'amuser.

— Vous l'avez peut-être fait trop courir, ironise-t-il, essayez encore...

Khéops s'est levé sans ordre, nonchalant, comme absent. La laisse graisseuse que l'homme lui a passée au cou en large boucle lui répugne, mais il attend un signe de son maître pour s'en défaire.

— Assis ! crie l'inconnu.

Des estivants se sont approchés du trio. Ils ne saisissent pas la farce qui se joue. L'homme à la Mobylette commence à trouver le temps long. Il décide de brusquer les choses en faisant mine de monter sur son engin. La main gauche d'Alain Mercier happe son bras en pince.

— Pas si vite, mon vieux ! Ce chien ne vous obéit pas pour la bonne raison que c'est le mien !

Les curieux resserrent le cercle. Le voleur les prend à témoin :

— Il veut me piquer mon chien, il ne faut pas le laisser faire !

Le maître de Khéops assure encore sa prise.

— Tenez, regardez, annonce-t-il, je vais vous prouver que ce chien m'appartient...

Les ordres succèdent aux ordres, tout de suite suivis par Khéops qui, au signal, s'est facilement défait de sa laisse sale. Le chien court, stoppe, revient, plonge dans l'eau pour aller chercher un bâton noirci que lui a lancé son maître qui maintient sa prise de la main gauche sur le voleur. Puis il revient au sec, ne pense même pas à s'ébrouer avant d'avoir rendu le bout de bois, laisse tomber ce dernier aux pieds de son maître et plaque sa hanche dégoulinante contre son jean.

— Alors, il est à qui ce chien?

L'homme à la Mobylette ne cherche plus à donner le change. Il échappe à la prise qui le retenait, saute sur son engin, et pédalant vivement pour lancer son moteur, s'enfuit vers la ville. Un jeune homme fait mine de courir à sa poursuite.

— Laissez-le filer, dit Mercier, il n'est pas près de recommencer à vouloir voler un chien par ici...

Khéops se demande à quel nouveau jeu a bien voulu jouer son maître qui le caresse comme s'il ne l'avait pas vu depuis longtemps, comme lorsqu'il rentre de la caserne Forty après l'éternité de vingt-quatre heures de service.

— Mon bon pépère, je l'avais promis le jour où je t'ai acheté, s'entend-il murmurer dans son cou emperlé de gouttelettes salées. Personne ne pourra jamais te voler à moi!

7

Le travail se durcit

Le travail n'empêche pas Khéops de demeurer un grand-frère pour Jessica. Il passe des heures à la veiller. La petite peut tout lui faire subir. Elle tire les poils du grand chien sans qu'il bronche. Elle lui met les doigts dans les oreilles sans qu'il manifeste la moindre irritation. Elle se coule sous son ventre et s'arc-boute sur ses pattes sans qu'il se laisse aller à la piétiner. Il fait au contraire tout ce qu'il peut pour ne pas la griffer de ses ongles limés court par les courses en montagne.

Alain Mercier assiste souvent aux jeux de la fillette et du berger allemand. Khéops le prend alors à témoin lorsque sa petite protégée exagère. Le maître comprend le message qui passe dans les bons yeux du chien étonné par le traitement subi :

— Tu ne vois pas qu'elle me fait mal.... Tu ne sens pas qu'elle commence à m'ennuyer... Fais quelque chose, dis-lui d'arrêter !

L'homme prend la fillette dans ses bras, l'embrasse, lui explique qu'il faut être un peu plus respectueuse envers son ami à quatre pattes. Jessica babille une promesse, mais repart à l'assaut de la merveilleuse chose si tiède et si douce qui, ne connaissant pas la rancune, l'embrasse d'un léger coup de langue.

Alain met un terme aux jeux :

— Allez, lance-t-il au berger, nous allons travailler un peu vers Castillon...

Réfugiée dans les jambes de sa maman, la petite fille boude un peu, mais Khéops est tout à la joie du départ. Il frétille de tout son long en sortant de l'appartement et se plante entre les deux portes de l'ascenseur, penchant la tête vers la gauche ou vers la droite pour deviner au bruit laquelle des deux s'ouvrira la première. Il devance alors son maître et se cale au fond de la cabine pour lui laisser de la place.

— Il fait beau, mon bon chien, se réjouit ce dernier en prenant le volant de la Peugeot qu'il ne se résout toujours pas à changer, on va se régaler là-haut !

Alain Mercier fait descendre Khéops de voiture bien avant d'arriver au village en ruine, à l'embranchement de la route de Sospel et de la départementale 34 qui serpente vers le col Saint-Jean.

— Je n'aime pas beaucoup cette façon de traiter mon chien, s'avoue-t-il en garant sa voiture à l'endroit habituel, mais je sais que c'est bon pour lui de courir comme ça... Si nous devons aller un jour au stage de Briançon, il faudra qu'il soit en pleine forme.

Le mistral balaye le col de Castillon. Les chênes rabougris qui tapissent ses maquis résonnent de sifflements aigus et les pins qui poussent courbés vers le sud craquettent en se penchant un peu plus encore.

Khéops a suivi sans peine la voiture, galopant à son rythme. Il reprend son souffle contre son maître en laissant pendre la langue pour se rafraîchir plus vite.

— Tiens, lui conseille Alain en le flattant au flanc, bois un petit coup... Cela ne te fera pas de mal, le vent est chaud...

Le chien boit adroitement au goulot de la gourde de plastique bleu que lui tend son maître et le travail commence, routinier et plus de cent fois répété, comme les gammes qui peu à peu transforment un pianiste de talent en virtuose.

Commandements secs, changements d'allure, jets de bâton, recherches de petits objets cachés et de vieux vêtements tout aussitôt retrouvés se succèdent à un rythme infernal, avec toujours pour le chien l'évident bonheur de faire plaisir au maître et, pour celui-ci, l'angoisse d'aller un peu trop loin et de fatiguer le berger allemand.

— Aujourd'hui, le prévient Alain Mercier après un exercice de quête réussi comme tous les autres, nous allons faire un peu d'acrobatie... Tu n'as rien contre ?

Khéops suit les pas de son maître chaussé de rangers de cuir. L'homme l'entraîne sur le sentier qui passe au-dessus de la ruine de ses rêves et l'oblige au bout de trois cents mètres à pénétrer sous les halliers torturés par le mistral. Ses coussinets endurcis par des semaines de courses frottent désagréablement sur les pierres chaudes aux passages les plus abrupts.

— Allez, hop, l'encourage Alain lorsque Khéops retombe par deux fois au bas d'un obstacle, tu dois y arriver...

Le maître a réussi à grimper. Le chien se persuade donc qu'il en est tout aussi capable. Mais il jappe en ripant une troisième fois sur le mur naturel et retombe lourdement sur le dos dans un buisson de bruyères sèches.

— Aïe, laisse échapper le pompier agrippé à une racine de chêne, cette fois j'ai misé un peu trop fort... Il ne va pas y arriver !

Khéops s'est vite remis sur ses pattes. Il fixe la crête du rocher en piétinant en rond, laisse échapper des petites plaintes d'énervement, s'immobilise, cherche du regard un passage plus aisé, n'en trouve pas et saute sur la pierre dont la mousse fuit sous ses ongles ras. Une de ses pattes arrière se fixe une seconde dans une faille minuscule et, comme seuls savent le faire les alpinistes expérimentés, il profite de cet infime appui pour placer sa deuxième patte postérieure en position de levier. Le mouvement n'a pas duré trois secondes. Le chien a atteint une étroite marche en biais où il demeure cramponné et haletant au-dessus des bruyères.

— Tu y es, lui crie Alain penché au-dessus de lui, plus qu'un mètre...

Le chien sursaute en soufflant d'une manière rauque. D'un formidable coup de reins, il rejoint son maître qui le cramponne par le poil pour aider la fin de sa folle grimpée. Il oublie en une fraction de seconde la douleur qui taraude ses pattes tétanisées par l'effort, il ne pense déjà plus qu'à la joie de son ami. Sa longue queue, noire sur le dessus et étoffée d'une large bande feu par en dessous, bat la victoire.

— Tu es un as, mon vieux Khéops, s'émerveille Alain, j'étais prêt à redescendre...

Et le raid d'endurcissement continue jusqu'à ce que le duo essoufflé, saoulé de vent et fouetté par les branches serrées du maquis, débouche sur le toit luisant d'un énorme ouvrage militaire enchâssé dans la montagne et dont les gueules barrées de fer rouillé, jadis armées de gros canons, béent au-dessus d'un plateau parcouru par la route du col Saint-Jean.

Le chien s'aventure à l'extrême limite du vide. Il s'y assied, langue pendante, regard perdu vers le lointain, vers les monts Fraquet et Méras qui se détachent sur le ciel tout bleu.

— Fais attention de ne pas tomber, s'inquiète Alain Mercier, le bord du blockhaus est arrondi...

Khéops recule un peu.

— Montre voir un peu tes pattes, lui demande alors son maître, insensible lui aussi au vertige. Il ne faudrait pas que tu aies une saleté plantée dedans... Tu es si dur au mal que tu serais bien capable de ne pas te plaindre... Rien que pour continuer le travail.

Quoique craquelés par l'usure, les coussinets du berger

sont en parfait état. Le pompier les inspecte consciencieusement un à un. Il frotte du doigt le gros tubercule palmaire qui occupe le centre de la plante de chaque pied, les quatre tubercules digités de chaque doigt, celui de l'ergot qui est planté, plus petit et plus souple, au-dessus des autres, et le tubercule bien rond qui marque le talon du carpe.

— Il faut que je connaisse tous ces noms par cœur, se rend-il compte en achevant son inspection et en enlevant des brindilles prises dans le poil de son ami. Au moment du stage tout comptera, certainement, même la théorie...

L'examen des pattes est terminé. Le pompier décide de prendre un moment de repos sur le toit du fort qui avait attiré les foudres alliées sur Castillon en 1944. Il s'assied, jambes ballantes dans le vide. Khéops se rapproche de lui, il l'étreint très fort et prête longtemps son visage brun au vent tiède. Des minutes s'écoulent ainsi, bercées par le chant de la montagne.

Le pompier a soudain un rapide mouvement de recul en sentant des petites boules sous ses doigts emmêlés dans la large écharpe du berger qui fixe toujours l'infini des Alpes méditerranéennes.

— Qu'est-ce que c'est que toute cette vermine ? grondet-il en s'apercevant que les boulettes agglutinées dans la peau du chien sont vivantes. Montre voir !

Khéops referme la gueule et lève la tête pour se laisser palper.

— Mais tu es plein de tiques, mon pauvre garçon... Allez, on rentre en vitesse ! Fini le travail pour aujourd'hui, il faut te débarrasser de ça...

Le pompier conduit plus vite qu'à son habitude dans les lacets, sa 504 frôle les énormes camions d'une entreprise de travaux publics qui s'échelonnent en noria ininterrompue. Il est de temps en temps obligé de stopper net, et même de reculer pour céder le passage aux mastodontes dans les virages les plus fermés.

— On n'arrivera donc jamais en bas, râle-t-il en constatant que Khéops commence à se gratter. Il ne faudrait pas que ces saletés pompent tout son sang !

De sinistres récits de chiens empoisonnés à mort par des tiques attrapées sur les terres fréquentées par les troupeaux de moutons transhumants lui reviennent en mémoire. Il les chasse de son esprit en se concentrant sur la conduite. Khéops se plaint de plus en plus.

— On y est presque, mon pépère... La maison n'est plus loin...

Le chien oublie les intolérables agacements des tiques lorsque son maître lui parle, mais quand il se tait, Khéops reprend son manège de coups de pattes maladroits et inefficaces en trébuchant dans les virages. La résidence Azur-Parc est enfin atteinte.

— Et cet ascenseur qui est occupé, s'inquiète le pompier en essayant d'évaluer du bout des doigts le nombre de tiques qui sucent le sang de son chien.

Une porte d'ascenseur coulisse enfin devant le chien de plus en plus énervé. Trois personnes sortent de la cabine. Tout à la hâte de débarrasser Khéops de ses parasites, son maître oublie sa politesse naturelle et les bouscule sans s'excuser.

— Marielle n'est pas encore rentrée, constate-t-il en ouvrant enfin la porte de son appartement, viens vite qu'on regarde ça de plus près !

Le chien s'allonge sur le dos dans la cuisine, pattes écartées.

— Comment veux-tu qu'on distingue quelque chose dans ton paquet de poils ? Pour une fois je regretterais presque que tu ne sois pas un berger à poil ras comme la Dolly d'Audiffren !

Le pompier, doigts fourrageant nerveusement dans le pelage dru, arrache une à une des dizaines de tiques minuscules.

— Je n'ai jamais vu ça, souffle-t-il en jetant avec dégoût

la vermine dans une bassine à demi remplie d'eau. Mon pauvre vieux, tu as dû te rouler sur un nid de ces sales bestioles...

Le chien prend son mal en patience. Il se couche sur le côté au bout de quelques minutes de traitement.

— Excuse-moi si je t'ennuie, lui souffle Alain, mais il le faut bien...

Le chien demeure passif, tout mou sous les mains du maître. Seuls ses yeux trahissent la douleur. Leurs reflets paraissent plus noirs. Mais ils redeviennent tout à coup normaux lorsque la porte de l'appartement s'ouvre et que sa maîtresse vient se pencher au-dessus de lui après avoir déposé Jessica dans sa chambre.

— Qu'est-ce qu'il a, demande la jeune femme d'une voix cassée par l'inquiétude, il est blessé ?

Son mari la rassure d'un sourire :

— Non, seulement pourri de tiques... Regarde dans la bassine, et je n'ai pas encore fini d'arracher toutes leurs copines !

Le manège reprend de plus belle. Il y a déjà au moins cent tiques qui flottent. Alain Mercier a les doigts tout endoloris.

Khéops se laisse aller à donner des signes d'impatience. Il roule des yeux presque fous en se plaignant de la voix et rue des pattes arrière.

— C'est bon, mon pépère, va faire un petit tour sur la terrasse pour te dégourdir.

Le berger va laper un peu d'eau dans sa gamelle de plastique et, sans que le pompier ait eu besoin de le rappeler, revient tout aussitôt se coucher sur le dos dans la cuisine.

— C'est bien, mon chien, je vais tâcher d'aller un peu plus vite...

La promesse est tenue. Plus de cent cinquante tiques se noient dans la bassine. Khéops en avait de minuscules plantées en lignes drues jusque autour des yeux, et même à la commissure des babines, là où poussent les derniers petits poils qui font place aux muqueuses de la gueule.

— Eh ben, conclut le pompier en jetant les tiques dans la cuvette des toilettes et en actionnant rageusement la chasse d'eau, heureusement qu'on s'en est aperçu à temps... Ces sales bestioles auraient grossi... Il suffisait de quelques heures...

Khéops se gratte encore de temps en temps.

— Il faut toujours faire attention quand on va se balader là où les chèvres et les moutons sont passés, fait remarquer Alain à Marielle. Même les colliers traités à l'insecticide concentré ne suffisent pas à éloigner une pareille quantité de vermine...

L'entraînement se poursuit au rythme de l'emploi du temps du pompier : un jour de service, deux jours de repos. Khéops parvient vite à un niveau qui autorise son maître à viser plus haut encore.

— C'est décidé, annonce un soir Alain à Marielle, je vais tenter le coup et m'inscrire pour le stage de Briançon. Je crois que c'est jouable...

Il se reprend aussitôt :

— Oh, excuse-moi, mon pépère. Je voulais dire : nous allons nous inscrire !

8

Khéops part à l'école

Alain Mercier est bien décidé à faire le grand saut. Il estime que Khéops est maintenant digne de participer au stage de recherche et de sauvetage en décombres de Briançon. Et il n'est pas le seul de cet avis. Daniel Imbert, un délégué officiel de la sécurité civile, a vu travailler Khéops dans le maquis mentonnais, et il a adressé un rapport on ne peut plus favorable à ses supérieurs. Les formalités administratives sont rapidement expédiées et le département des Alpes-Maritimes prend à son compte les frais d'écolage du futur sauveteur.

— Nous n'avons pas le droit d'échouer, explique le pompier à son épouse la veille de son départ, c'est l'argent des contribuables que nous allons utiliser...

Et, se penchant vers Khéops qui attend la fin du repas de ses maîtres pour venir les rejoindre sur la terrasse :

— Tu as bien entendu ? Il va falloir mériter la confiance qu'on nous a accordée... C'est une drôle de responsabilité pour un bon bonhomme de chien, tu le comprends au moins ?

Le bon bonhomme de chien ne comprend pas. D'ailleurs, s'il comprenait et s'il pouvait répondre, il ferait gentiment remarquer à son maître qu'en cas de réussite c'est lui qui recevrait le diplôme national de maître-chien de recherche et de sauvetage en décombres !

— Tout le monde n'avait pas l'air d'accord pour que nous partions là-haut, poursuit le pompier. Khéops est un berger à poil long et ces chiens ont la réputation d'être fragiles...

Le berger « fragile » tend l'oreille en entendant prononcer son nom, mais comme son maître ne s'adresse pas directement à lui, il reprend sa veille.

— Même le chef de corps m'a glissé deux ou trois mots sur le problème du pelage des chiens de recherche, enchaîne Alain. Des chiens comme le nôtre manquent de sous-poils...

Marielle se veut rassurante :

— Tout ça ce sont des balivernes... Il ne nous a jamais donné l'impression de souffrir du froid, notre Khéops !

La table est levée, Khéops prend possession de la terrasse. La fin de l'été est délicieusement tiède. La vallée du Gorbio est encore plus belle qu'aux premiers beaux temps avec ses couleurs cuites et recuites sous des mois de grand soleil.

— Et voilà, c'est parti, lance joyeusement Alain Mercier à Khéops en prenant la route au matin du dimanche 19 septembre 1982.

Le chien comprend que quelque chose est en train de changer dans sa vie en découvrant au bout d'une heure de route des paysages qu'il ne reconnaît pas.

— Et tu n'as pas fini d'en voir, lui promet son maître qui a saisi ses regards curieux.

Il fait beau. La circulation n'est pas aussi dense que le pompier l'avait craint. Alain Mercier apprécie le ronronnement régulier du break 304 de service que lui a confié le capitaine Veillon. Les deux amis sont à mi-route un peu avant midi.

— Tu as soif, le chien ? s'inquiète le pompier une fois que Gap est dépassée. On va s'arrêter un peu...

Khéops boit de l'eau que son maître a pris la précaution d'emporter pour lui, se dégourdit les pattes en courant dans un champ, revient vers Alain qui mange un sandwich, mais ne pense même pas à mendier une miette de pain.

— Ça c'est bien, reconnaît le pompier, tu mangeras ce soir à Briançon... J'espère que le menu te plaira!

La nationale 94 frôle le lac de Serre-Ponçon, l'enjambe sur le pont de Savines, puis longe la Durance tantôt sur sa rive droite et tantôt sur la gauche en laissant à l'ouest le parc national des Écrins.

— Regarde: c'est aussi beau que chez nous, remarque Mercier en jetant un regard sur les quatre mille mètres du mont Pelvoux. Nous ne manquerons pas de bon air là où nous allons travailler...

Khéops fait mine de contempler le paysage éclaboussé de soleil, mais il trouve le temps long.

— Nous y sommes, lui annonce enfin Alain lorsque Briançon n'est plus qu'à trois kilomètres.

Le rendez-vous des stagiaires a été donné à la caserne de la Compagnie républicaine de sécurité n°47, celle de François Rostolland, le directeur technique du stage créé par un arrêté du préfet des Hautes-Alpes le 25 septembre 1979. Plusieurs couples homme-chien sont déjà là. Toujours à son inquiétude quant aux aptitudes des bergers à poil long, Alain Mercier repère tout de suite un animal de même pelage que Khéops.

— Au moins nous ne serons pas tout seuls, se réjouit-il en parlant comme s'il était son chien.

D'autres candidats maîtres-chien viennent étoffer le groupe silencieux. Les hommes s'épient en tenant à la laisse raccourcie leurs compagnons qui se défient de la voix. Khéops n'aboie pas. Le pompier de Menton le flatte du bout des doigts de la main droite.

— Ça va, tu commences bien... Les instructeurs doivent observer nos premières réactions...

Tous les stagiaires, deux femmes et quatorze hommes,

sont bientôt là. Un homme sec se présente à eux. Il n'a pas beaucoup de cheveux, son teint mat trahit l'homme habitué au grand air et il est vêtu d'une combinaison de toile bleu pâle.

— Bienvenue, leur lance-t-il, je suis François Rostolland, votre directeur de stage...

Le CRS parle vite, avec un brin de l'accent rocailleux des montagnards. Alain Mercier l'écoute, tout heureux de rencontrer enfin l'homme qu'on lui a présenté comme le maître du dressage.

— On devrait pouvoir s'entendre avec un bonhomme comme ça, pense-t-il. Le cinéma ne doit pas compter pour lui...

Les stagiaires à deux et quatre pattes se rendent en convoi à un centre d'accueil touristique bâti en dessous d'un fort militaire massif, au Crêt de Briançon.

— Vous allez prendre possession de vos cantonnements, leur explique un instructeur, déposez vos affaires et revenez ici pour présenter les chiens...

Le rituel de l'installation est vite expédié dans un brouhaha sympathique. Alain Mercier a repéré quelques pompiers et s'est tout naturellement mêlé à eux. Les présentations sont rapides entre gens du même métier. Les autres élèves sont policiers ou civils. L'une des deux femmes est vétérinaire. Le pompier de Menton a repéré un second chien à poil long, un magnifique Tervueren au gabarit élancé et au nez pointu qui accompagne la deuxième femme du stage.

— Comme ça, apprécie-t-il, nous serons trois!

Les instructeurs s'alignent devant les nouveaux venus qui tiennent leurs chiens muselés. Alain Mercier, qui s'est à contrecœur plié à la règle de prudence, est tout heureux de trouver parmi eux Daniel Imbert. La présence de l'homme qui lui a permis de venir au stage grâce à son rapport d'aptitude élogieux le rassure.

— Nous allons procéder à un premier examen, annonce un instructeur lorsque le silence s'est installé dans le groupe des élèves. Vous allez vous présenter chacun à votre tour avec l'animal... Puis vous les mènerez au chenil et nous entamerons le travail... Nous n'avons pas de temps à perdre au cours des quinze journées que nous allons passer ensemble...

Le manège de présentation commence, ponctué d'abois impatients. Alain Mercier ne regarde pas les maîtres, seuls les animaux l'intéressent. Il essaye de deviner à leur allure, à leur façon de cheminer contre le maître, s'il ne s'est pas trompé dans ses premiers travaux de dressage. Certains chiens ont visiblement l'habitude de ce genre d'exercice. Ils assurent leur démarche en répondant en une fraction de seconde aux sollicitations du maître ou de la maîtresse. Les masques figés des instructeurs et de François Rostolland ne trahissent pas leurs sentiments.

— C'est à nous mon pépère, annonce bientôt Alain, fais comme tu l'entends...

Le rituel de présentation se déroule à la perfection. Le pompier remue à peine les lèvres pour chuchoter ses commandements. Khéops, qui n'a manifesté aucun énervement devant tant d'autres chiens, marche sans laisse au contact de son maître, épaule contre cuisse. Il va ainsi très fier de droite à gauche sous les regards des instructeurs. Alain Mercier chemine, bien plus crispé que son chien qui progresse avec calme. Ce qui n'est pas le cas de tous les autres chiens : au moment même où il achève sa présentation, trois bergers se ruent muselière contre muselière en hurlant comme mille diables.

— Pas bouger, ordonne alors le pompier à Khéops en raidissant la laisse qu'il lui a repassée au cou.

Le conseil était inutile. Khéops ne fait que jeter un regard de réprobation sur les combattants vite séparés par leurs maîtres. L'un d'eux gémit même sous la dureté de la reprise en main.

— Je n'agirai jamais ainsi avec mon chien, se promet Alain, j'aurais bien trop peur de ne plus être digne de son respect...

Le calme est revenu presque aussi vite que le tumulte a éclaté.

— Mais, s'étonne un instructeur en désignant une jolie chienne qui est la cause de l'incident, elle est en chasse cette bête !

— Oui, reconnaît le propriétaire très gêné, ça vient tout juste de commencer ! Ça tombe mal...

— Pour tomber mal, ça tombe mal, renchérit l'instructeur, ça risque même de foutre la pagaille dans le stage ! Il faut lui faire immédiatement des piqûres...

Le vétérinaire du centre de formation injecte tout aussitôt un médicament inhibiteur à la chienne.

— Nous verrons bien la réaction des mâles demain, décide-t-il après la piqûre, mais j'ai bien peur qu'elle empêche tout travail sérieux pendant un bon bout de temps...

Alain Mercier est sincèrement peiné pour le maître de la chienne.

— Ça serait malheureux que tu sois obligé de partir avant d'avoir commencé le stage, lui fait-il très confraternellement remarquer puisque l'homme est pompier à Lyon, mais espérons que les piqûres vont la calmer...

Les chiens du stage doivent dormir dans un chenil agencé dans un fort dominant le centre d'accueil où se sont installés leurs maîtres.

— Pourvu que Khéops ne prenne pas le coup trop mal ! s'inquiète Alain Mercier. Il n'a jamais dormi dans un chenil depuis qu'il vit avec nous...

Les camions mènent les bergers à leur chenil. Les boxes sont propres. Bien dosée, la nourriture qu'on distribue à chacun d'eux est composée de saucisson de viande accompagné d'aliments déshydratés.

— Aïe, râle le maître de Khéops, il ne va pas aimer ça...

Khéops fait contre mauvaise fortune bon cœur. Il mange d'abord le saucisson avec appétit puis, de l'extrême bout des dents, sa ration de granulés arrosés d'eau.

— Ça ne va durer qu'une quinzaine de jours, ce régime-là, lui souffle son maître, et puis je t'apporterai des petits suppléments en douce...

L'heure de la séparation approche. Le pompier a la pénible impression d'abandonner pour de bon son compagnon de tous les jours. Ses mains s'arrachent difficilement à la douceur des poils, son regard se trouble un peu en puisant une infinie tristesse dans les yeux qui scrutent les grillages du chenil et la porte qui le clôt.

— Allez, l'encourage-t-il, il faut être fort mon pépère... Les autres ont déjà quitté leurs chiens, ils m'observent... Il faut que je les rejoigne...

La queue de Khéops ne remue pas. Il baisse la tête. D'autres chiens réagissent à la séparation forcée en hurlant. Khéops se tait. Mais son silence est plus insupportable à son maître que les plaintes des autres bergers.

Les stagiaires sont prêts à embarquer dans leurs camions militaires. Alain Mercier les rejoint à pas lents.

— Il sera bien, se persuade-t-il lorsque le fort disparaît derrière le véhicule bâché, et puis la nuit va passer vite!

Au cours du dîner pris en commun, les stagiaires ne parlent que de leurs chiens, chacun vantant aux autres les mérites de son compagnon. Alain Mercier participe très peu aux débats. Il n'est pas là. Il est là-haut, dans le chenil de Khéops.

— Pourvu qu'il ne tente pas de se sauver en déchiquetant le grillage, pense-t-il tristement, il pourrait se faire très mal...

Un instructeur se présente.

— Le travail commence à l'aube, annonce-t-il, je vous conseille de ne pas traîner...

Tout le monde se sépare. Alain Mercier ne trouve pas le sommeil. Il sort dans la nuit fraîche et fixe à s'en faire mal aux yeux la direction du fort. Un homme lance le moteur d'un camion. Il court vers lui.

— Où allez-vous? lui demande-t-il, soudain poussé par une irrésistible envie de retrouver Khéops.

— Je monte au fort pour y déposer du matériel et je redescends aussitôt...

— Vous pouvez m'emmener?

L'inconnu accepte sans poser de questions. Le fort est à peine éclairé par quelques lampes éparses. Le pompier se dirige tout de suite vers le chenil.

— Ne tardez pas, lui conseille le chauffeur du camion, je repars tout de suite...

Les chiens sont énervés par l'arrivée du véhicule. Ils hurlent. La cacophonie de leur concert ricoche contre les épaisses fortifications.

— Je ne reconnais pas la voix de Khéops, remarque Mercier. Il faut dire qu'il n'a jamais été gueulard...

Le chien à poil long a deviné l'arrivée de son maître. Il frétille de bonheur en s'écartant de la porte grillagée de son box pour lui permettre de l'ouvrir.

— Alors, s'inquiète le pompier en l'étreignant joue collée contre son cou soyeux, tu n'es pas trop malheureux? Tu vois bien que je ne t'ai pas abandonné...

Le berger laisse échapper de petites plaintes pour expliquer toute la peine qui l'a hanté depuis le bruyant départ des camions.

— C'était dur, hein? Pour moi aussi tu sais...

Le pompier trouve le chenil sinistre. Un faible éclairage lui donne des allures de camp de concentration. Les chiens se sont peu à peu calmés. Le chauffeur du camion a remis son moteur en marche.

— A demain le chien, bonne nuit!

Le regard lourd de Khéops exprime une totale incompréhension. Il fait mal au pompier qui court vers le camion dont le chauffeur impatient klaxonne déjà pour le rappeler.

9

Khéops se perfectionne

Alain Mercier est levé dans les premiers à l'aube du lundi 20 septembre 1982. Son regard se tourne tout de suite vers les hauteurs du fort des Têtes, mais il doit attendre que tous les autres stagiaires soient sur pied pour monter enfin y retrouver Khéops. Il s'est comme tout le monde vêtu d'un survêtement car la journée de travail doit commencer par un solide décrassage des élèves à deux pattes.

Un formidable concert d'aboiements salue l'arrivée des camions au fort. Cette fois Khéops donne lui aussi de la voix. Puis il se met à geindre comme un enfant lorsque son maître pénètre dans le chenil qu'il n'a pas souillé tout au long de la nuit de séparation.

— Allez, viens, mon pépère, lui souffle son maître tout aussi heureux que lui et qui passe sa laisse par-dessus son jabot de poils en large cœur, tu vas te détendre un peu...

Le pompier entraîne son compagnon retrouvé à l'écart du chahut. Le couple reformé demeure isolé à quelques mètres du chenil. Rassasié de caresses, Khéops satisfait enfin ses besoins, et semble avoir retrouvé tout à fait le goût de vivre qui l'avait abandonné la veille au soir. Son maître le lâche après s'être assuré qu'aucun autre chien ne vient rôder dans le secteur.

— Il va pourtant bien falloir qu'on s'habitue aux copains, lui lance-t-il. La vie en commun ça fait partie du métier de sauveteur...

Un instructeur a jugé que les retrouvailles et la détente ont assez duré. Il rameute son monde.

— Nous allons courir tous ensemble, propose-t-il, comme ça les chiens apprendront à se supporter...

Le moniteur va donner le signal du départ, mais un détail dans sa troupe capte soudain son regard professionnel.

— Eh bien, lance-t-il sans aménité à Alain Mercier, vous n'avez pas muselé votre chien... Vous avez pourtant pris connaissance des règlements du stage, non?

Pris en faute, Mercier hésite à répondre que son chien n'a jamais porté de muselière et qu'il n'en a certainement pas besoin. Mais, ne voulant pas nuire aux notes de son protégé, il retient ses explications et brime le berger qui se laisse faire sans bien comprendre l'utilité de la chose.

— T'occupe, lui chuchote-t-il en passant l'ustensile barbare sur son nez massif, je ne vais pas te la serrer... Tu ne vas rien sentir!

La séance de décrassage s'écoule sans anicroches sérieuses et seuls quelques chiens manifestent de temps en temps de l'humeur.

Le rythme des cours s'enrage tout aussitôt. Les chiens et leurs maîtres sont regroupés pour passer des tests qui permettront à François Rostolland de se faire une idée du degré de préparation des uns et des autres.

— Cette fois, se dit Alain Mercier, c'est vraiment le grand jeu...

Chaque couple doit exécuter une série de douze tests élémentaires.

— Nous n'avons jamais travaillé tout le programme en continu, se souvient Alain au moment de commencer la démonstration, pourvu que rien ne cloche!

Il démuselle son élève et commence le travail à la laisse. Impavides, les juges suivent les réactions du berger à poil long. Khéops semble devancer les ordres de son maître.

— Assis ! commande ce dernier.

Le chien pose l'arrière-train dans l'herbe. Il se hausse bien droit sur ses pattes de devant et gonfle fièrement son jabot luisant sous le soleil naissant.

— Couché !

Khéops s'allonge dans un froissement de poils, pattes parfaitement parallèles, oreilles fixes, la queue immobilisée dans le prolongement du corps.

— Debout !

Mû par un ressort invisible, le chien se place tout contre la jambe du pompier en donnant l'impression de vouloir bondir.

Les instructeurs ne réagissent pas. Alain Mercier a les mains moites d'énervement en recommençant le travail, cette fois sans la laisse. Khéops réagit encore mieux, comme pour prouver à son maître que le lien de cuir souple était tout à fait inutile. Puis, remuselé pour son plus grand malheur, il obéit aux ordres donnés de la voix et du geste.

— Tu sais mon vieux, prend le temps de lui expliquer Alain, ils n'ont pas tort d'exiger la muselière car si un jour nous devons travailler à partir d'un hélicoptère, tu seras bien obligé de la supporter... Et même en camion... Alors prends ton mal en patience...

Khéops fait mieux que de supporter sa peine. Il semble vraiment joyeux de travailler, surtout en passant à l'exercice du « Couché ! Pas bouger ! » en l'absence de son maître qui s'est éloigné à la course après l'avoir confié à un moniteur. Le chien devine qu'il doit résister le plus longtemps possible à la joie de courir rejoindre le pompier qui s'est arrêté à quarante mètres de lui et le regarde travailler.

— Ça fait plus d'une minute qu'il ne bronche pas, se rend compte Alain, et le temps minimum exigé par le règlement est de soixante secondes...

Le pompier fait encore durer le plaisir. Khéops est une statue qu'il ne se lasse jamais d'admirer. Puis il se décide à briser la magie. Le chien file alors, flèche noire sur l'herbe verte, pour venir recevoir la caresse qui est pour lui la meilleure des récompenses, une preuve d'estime plus délicieuse que toutes les friandises dont se gavent souvent d'autres chiens.

— Maintenant, avertit le pompier tout à fait débarrassé de ses appréhensions, on va passer à l'exercice d'aboiement à l'ordre… Tu es prêt ?

Khéops est toujours prêt à faire plaisir à son maître et, bien qu'il ait commencé très tard ce genre de travail qui doit être entrepris dès le plus jeune âge d'un berger allemand, il donne joyeusement de la voix à chaque signal sonore ou à chaque geste du pompier.

— C'est pas mal du tout, apprécie un instructeur en venant prendre Khéops en laisse. Maintenant, allez vous cacher dans le petit bois… Nous allons voir comment il va partir à votre recherche…

Le berger noir et feu jette un coup d'œil triste à son maître qui s'éloigne sans se retourner, puis il regarde l'inconnu qui le tient, ne le trouve pas inquiétant et décide de laisser venir les événements car il sent bien que tout cela fait partie du grand jeu.

Le pompier s'est embusqué derrière un buisson. L'instructeur lâche Khéops. Le chien se lance dans une course encore plus rapide qu'après l'exercice de « Couché ! Pas bouger ! ».

— Eh bien, se dit Alain tout prêt à accuser le choc du berger, ils vont être satisfaits les instructeurs ! Pour être bien noté le chien doit filer « vivement » à la recherche du maître et, pour ce qui est de filer vivement, on ne peut pas dire qu'il ne file pas vivement !

Il n'a pas le temps d'achever sa pensée, Khéops est là, tout fou contre lui, langue pendante, yeux brillants, et qui veut jouer.

— C'est pas encore fini, mon pauvre vieux ! Ils ne nous feront pas grâce d'un seul des douze tests… Il y en a d'éliminatoires dans le paquet… C'est du sérieux !

Le travail reprend sans déplaisir pour le berger vite remis de son essoufflement. L'exercice qui suit la course folle vers le maître est éliminatoire. C'est un contrôle de sociabilité qui oblige Alain Mercier à passer avec son chien tenu en laisse au milieu d'un groupe d'instructeurs et d'élèves, à parler avec deux d'entre eux en ne prenant pas garde aux réactions de Khéops. Le chien essaye vainement d'attirer son attention sans accorder une once d'intérêt aux inconnus. La comédie ne dure pas longtemps. Il est tout de suite évident que Khéops est un animal des plus civilisés.

— Voyons maintenant comment il réagira avec les autres chiens, dit François Rostolland.

L'exercice est plus ardu, non pas qu'Alain Mercier ait quelques doutes quant à la bienséance de son chien, mais plutôt par crainte des réactions de deux ou trois animaux dont il a remarqué l'humeur désastreuse. Khéops le rassure vite en passant aussi tranquille au milieu de ses congénères qu'à travers le groupe d'hommes en conversation.

— Maintenant, souffle le pompier en s'éloignant des chiens, je crois que c'est gagné...

Il reste encore à Khéops à prouver qu'il est capable de sauter des obstacles naturels en obéissant aux commandements de son maître. La chose devient vite évidente. Le chien se met en arrêt devant un tronc d'arbre et ne s'élance au-dessus qu'après avoir attendu le signal. Il a sauté très haut, si haut qu'Alain Mercier en est tout étonné.

— Il prend du plaisir à nous éblouir, se rend-il compte au troisième envol superbe de son compagnon.

Le travail se poursuit par un coup de pistolet d'alarme tiré tout près du chien. Khéops ne bouge pas une oreille et interroge son maître du regard pour savoir ce qui se passe.

— Ça, mon pépère, lui explique ce dernier en le remerciant d'une caresse légère, c'est pour voir si tu serais capable de travailler au milieu des bruits de pelles mécaniques et de marteaux piqueurs d'un chantier de dégagement de décombres...

Le vétérinaire du stage vient enfin palper le chien qui a passé toutes les épreuves avec la désinvolture des champions. C'est un curieux petit bonhomme, une sorte de professeur Tournesol qui se serait rasé la barbichette. Il tâte Khéops sans que ce dernier lui résiste, tellement ses gestes sont doux et précis. Alain Mercier suit l'examen sans inquiétude. Il sait que son chien est en parfaite santé. Le berger n'a pas un bouton sur le corps, ses muscles sont bien dessinés sous son pelage luisant, ses dents sont intactes et bien blanches, son haleine est franche et ses coussinets plantaires sont en bon état malgré les longues courses dans le maquis de Castillon.

— Il est bien, votre chien, reconnaît le vétérinaire. Il est apte au stage...

La sentence n'étonne pas Alain Mercier. Rien dans le comportement de son ami au cours de la séance de tests ne pouvait lui attirer les foudres de ses juges.

Les choses les plus sérieuses commencent aussitôt après le repas de la mi-journée. Les instructeurs se sont fondés sur les séries de tests pour former des groupes de travail de cinq chiens. Alain Mercier et Khéops sont affectés au même groupe que le premier chien à poil long remarqué dès l'arrivée à la CRS 47. L'animal n'est pas d'un caractère des plus commodes.

— Il faudra faire avec, se promet Alain avant de commencer le travail dans les décombres aménagés d'une usine désaffectée des faubourgs de Briançon. Mon Khéops est assez maître de lui pour que tout se passe bien...

La chienne du pompier de Lyon a bien réagi aux piqûres du vétérinaire, et les mâles ne lui prêtent pas plus d'attention qu'à une femelle qui ne serait pas en chaleur.

— Bon sang, que ça peut sentir mauvais par ici, gronde Alain Mercier en approchant du chantier aménagé, qu'est-ce que c'est que toute cette saloperie ?

La puanteur s'échappe de quelques paquets de viande avariée déposés çà et là dans le chantier d'apprentissage de recherche afin de détourner à jamais les chiens de la nourriture qu'ils pourraient trouver sur des lieux sinistrés par une explosion ou un tremblement de terre.

— Nous allons d'abord faire travailler chaque chien à vue, annonce un instructeur. Les maîtres vont se cacher les uns après les autres...

Alain Mercier surmonte son dégoût et se coule entre des poutres de béton emmêlées. A peine lâché, Khéops file sur lui sans s'arrêter pour renifler la viande en putréfaction. Les quatre autres chiens du groupe retrouvent aussi facilement leur maître. L'exercice est repris plusieurs fois, toujours avec le même succès.

— Maintenant, nous allons obliger les chiens à retrouver leurs maîtres enfouis sous les décombres...

Alain Mercier se faufile dans une buse, l'instructeur l'enferme dans son trou avec une planche et étale du sable sur le tout. Khéops est lâché et n'éprouve pas plus de difficulté à venir aboyer franchement devant le piège grossier.

— C'est trop facile, admet Alain. Tu ne t'en rends pas compte... Mais c'est utile.

La puanteur de la viande est devenue naturelle aux stagiaires qui tout à leur travail n'y prêtent plus attention.

Les aboiements joyeux des chiens qui retrouvent à chaque fois les hommes marquent le temps qui passe. Les exercices se durcissent. Chaque berger est obligé de rechercher un autre stagiaire que son maître. Pour arriver à ce que Khéops accepte de fouiner dans le béton en ruine, Alain Mercier se coule dans un trou derrière un de ses compagnons. Attiré par l'odeur familière, le chien aboie tout aussi fort que les premières fois sa joie d'avoir encore réussi.

— Petit à petit, explique un instructeur, votre chien comprendra qu'il ne lui faudra pas seulement penser à vous rechercher, mais qu'il doit s'intéresser à tous les gens pris sous les décombres... Cela va venir très vite, vous en serez étonnés.

L'exercice se poursuit tout au long de l'après-midi. Les deux autres groupes du stage travaillent sur d'autres sites, dans d'autres difficultés installées au terrain de Villar-Saint-Pancrace, à deux kilomètres au sud-est de Briançon, et à la mine de la Tour.

— Bon, décide enfin le maître de cours, ça suffit comme ça pour aujourd'hui, on rentre !

Les chiens vont se reposer, mais leurs maîtres ne sont pas quittes. Ils écoutent une conférence sur la formation canine et un exposé sur les catastrophes naturelles, dont Alain Mercier ne retient que quelques chiffres terrifiants : de 1900 à 1967, six cent cinquante mille victimes ont péri dans des catastrophes naturelles, et la seule année 1976 a presque égalé ce total terrible avec, rien qu'en Europe, les milliers de morts du tremblement de terre du Frioul, en Italie.

— Il y a eu malheureusement des catastrophes naturelles encore plus récentes, rappelle le maître-chien, vous vous souvenez certainement de l'éruption du mont Saint Helens, aux Etats-Unis, en mai 80... Et aussi du tremblement de terre d'El-Asnam qui a causé plus de trois mille morts en Algérie au mois d'octobre de la même année... Là-bas, comme vous le savez sans doute, des chiens comme les vôtres, ceux de la Société suisse des chiens de catastrophe, ont fait un travail formidable...

Le conférencier rappelle brièvement ce qui s'est passé dans l'ancien territoire français. Les chiffres parlent d'ailleurs d'eux-mêmes : au bout de trois jours d'engagement, les dix-huit chiens venus de Suisse avaient aidé les sauveteurs algériens à dégager vingt-deux survivants des ruines et à localiser cent soixante-neuf cadavres.

Alain Mercier revoit en un éclair les images d'horreur diffusées alors à chaque journal télévisé sur toutes les chaînes françaises.

— En ce qui concerne 1982, poursuit l'instructeur, nous

n'avons pas répertorié trop de morts dues à des tremblements de terre dans le monde, mais les scientifiques ont enregistré un bon million de secousses sismiques... Le danger est permanent... C'est pour cela que vos chiens doivent être bien dressés, afin de pouvoir agir vite et bien en cas d'alerte majeure... N'oubliez pas que la France n'est pas à l'abri de ces drames, rappelez-vous Barcelonnette en 1959 et, surtout, la centaine de morts à Nice en 1916 !

L'exposé s'achève. Alain Mercier est tout songeur.

— Tu sais, explique-t-il à Khéops en le quittant pour la nuit avec un peu moins de peine que la veille, nous ne sommes pas venus ici pour jouer comme tu pourrais le croire... Il faut apprendre à sauver... A sauver des gens qui souffrent, mon bon chien. Ce sera le but de ta vie dès que nous en aurons terminé avec ce stage...

10

Khéops fait l'acrobate

Le deuxième jour de stage commence comme le premier par une séance de sport. Les chiens les plus agressifs réagissent mieux au contact de leurs congénères et Khéops n'a pas besoin de gronder pour prouver qu'il a lui aussi du caractère.

— Nous les hommes, nous sommes comme eux, s'avoue son maître à la fin du parcours, c'est curieux ces deux stages qui se chevauchent... Il n'y a pas grand-chose qui différencie nos réactions de celles des chiens!

Les stagiaires étudient au rythme de douze à quatorze heures de cours par jour, mais l'esprit reste bon au Crêt de Briançon.

— Ce n'est heureusement pas l'ambiance militaire comme je l'avais craint, se rend compte Alain Mercier en entrant dans une salle d'études pour y suivre une leçon de topographie pendant que Khéops patiente à la laisse dans le parc, mais ça ne fait pas boy-scout non plus... François Rostolland sait bien doser ses effets...

Les chiens reprennent le travail sitôt le cours terminé. Khéops se retrouve avec les autres bergers devant le premier obstacle d'un parcours d'assouplissement aménagé sur le terrain d'un club de dressage civil de Briançon.

Le chien noir et feu est tout joyeux. Il a envie de se dépenser car le parcours de cross de la première heure lui a parfaitement délié les muscles. Il danse comme un funambule sur une poutre étroite, pattes posées tour à tour sur la trace de la précédente, regarde parfois son maître pour quérir une parole ou un geste d'encouragement.

— Ça risque de se gâter, pense Alain Mercier en approchant d'une pyramide de tonneaux encore luisants de rosée, pourvu qu'il ne glisse pas...

Khéops n'a pas les mêmes craintes que le maître. Il bondit à mi-hauteur de l'assemblage. Ses pattes aux ongles courts tambourinent sur la tôle résonnante, bien vite son ventre épouse l'arrondi du dernier tonneau, il marque alors un temps d'arrêt, comme pour jouir de sa position de domination, et il se laisse retomber au sol en contrôlant parfaitement sa chute, tel un gymnaste bien entraîné à la sortie d'un agrès.

Son maître a oublié le temps. Il vit intensément l'effort du chien en accompagnant d'un cri chacune de ses envolées. Jusque-là insolent d'aisance, le berger hésite un instant devant un vieux sommier suspendu à l'horizontale par quatre câbles.

— Allez, hop ! C'est rien, le chien ! lui crie le pompier.

Khéops n'a jamais été confronté à ce genre de piège. Il penche la tête pour mieux examiner le sommier, jappe, regarde son maître, jappe encore, arme tous ses muscles en piétinant l'herbe tassée, et bondit. Le sommier oscille en grinçant. Surpris, Khéops s'immobilise du mieux qu'il peut, pattes raidies. Puis, après avoir jeté un coup d'œil à son maître, il contrôle son équilibre, le perd à nouveau en jappant d'étonnement, le reprend in extremis et, dosant judicieusement sa progression malaisée, saute en douceur aux pieds du pompier.

L'instructeur reste impassible.

— J'avance dans le brouillard, rumine Mercier en laissant à Khéops le temps de reprendre haleine, il pourrait au moins me donner des indications pour savoir où nous en sommes...

L'entraînement se poursuit par une nouvelle séance d'initiation au sauvetage en décombres. Dans un fatras de buses empuanties par quelques paquets de viande en décomposition, les maîtres reprennent le travail de la veille par le début. Comme les chiens doivent commencer l'exercice par leur propre recherche, ils se dissimulent tour à tour dans une buse sombre située en retrait des faux décombres. Les premiers chiens lâchés par les instructeurs retrouvent leurs maîtres en se coulant sans hésitation dans le conduit qui mène directement sur eux.

— Ça me paraît assez facile, confie Mercier à son voisin, j'y vais...

Khéops tire un peu sur sa laisse lorsque le pompier s'éloigne vers la puanteur. Puis il se calme en étudiant du regard l'instructeur qui le retient. Il comprend qu'il lui faudra attendre le bon vouloir de ce dernier pour courir vers le maître disparu.

— Cherche, le chien ! s'entend-il commander par la voix déjà familière de l'homme qui lui enlève sa laisse.

Khéops court droit vers les conduites de ciment. Il s'arrête quelques secondes devant l'obstacle confus qui le sépare du pompier invisible, renifle l'entrée d'une buse, se détourne, hume l'ouverture qui mène à son maître, remue la queue, jappe nerveusement. Soudain, il se détourne pour aller inspecter une conduite placée à quelques mètres sur sa droite.

Alain Mercier a pu suivre l'étrange manège de son chien par un jour de la planche qui le dissimule.

— Mais, s'étonne-t-il, qu'est-ce qui lui prend ? Cette fois, nous allons sûrement avoir une mauvaise note... C'était pourtant facile !

Les instructeurs se sont rendu compte de l'erreur grossière que s'apprête à commettre le berger à poil long. Ils échangent quelques mots à voix basse. Les autres candidats maîtres-chien suivent le manège fautif de Khéops sans faire de commentaires.

— Si j'osais, envisage une seconde Alain, je l'appellerais tout doucement... Mais mon Khéops n'est pas un tricheur!

Le chien se coule dans une buse dont le conduit en biais mène loin derrière la cache de son maître.

— Cette fois, pense Mercier, c'est foutu!

Quelques secondes passent. Puis un raclement pressé naît derrière le pompier.

— Mais, jubile-t-il en reconnaissant l'aboi très sec de Khéops qui résonne en claquements dans la buse obscure, c'est lui... Il a tout de même réussi!

Son pelage plaqué par endroits de sable et de terre mêlés, le berger se frotte contre les jambes de son maître qui s'est vivement extrait du noir pour le remercier de la voix et du geste. Alain Mercier rayonne.

— Sacré pépère, dit-il en flattant le chien tout frétillant, tu as trouvé que c'était trop facile de prendre la ligne droite!

Un instructeur rejoint le couple.

— J'ai bien cru qu'il n'allait pas y arriver, votre Khéops, confie-t-il au pompier qui se débarrasse des souillures de la buse. Je me demande comment il a pu revenir sur vous dans tout ce fourbi. Ça promet...

Mercier est aux anges car c'est la première fois qu'un cadre du stage manifeste de l'intérêt pour Khéops. Il flatte une nouvelle fois son compagnon et va l'attacher au pied d'un petit arbre, un peu à l'écart des autres chiens.

— Surtout ne bouge pas, lui recommande-t-il. Tu n'aurais qu'à tirer un peu sur le lien pour te défaire... Alors, sois sage!

Le chien s'allonge tranquillement pour suivre de loin le travail de ses camarades.

Les hommes se regroupent autour des camions. Tout à la passion du dressage, Alain Mercier n'a pas vu le temps s'écouler, c'est à contrecœur qu'il se décide à aller chercher Khéops.

— Bon sang, gronde-t-il en approchant de l'arbrisseau qui retenait son compagnon. Il a filé !

Le berger ne répond pas aux appels de son maître. La gêne du pompier fait place à l'anxiété au bout d'une minute d'attente.

— Et alors, vient s'inquiéter un instructeur, où est-il passé votre chien ?

Alain Mercier n'ose pas répondre. Soudain, son vis-à-vis pousse un cri.

— Ça alors, voyez là-bas !

Mercier regarde dans la direction indiquée. Khéops est juché tout en haut de la pyramide de tonneaux. Comme si de rien n'était, il saute par-dessus les obstacles du parcours.

Les deux hommes demeurent longtemps silencieux en observant les superbes envolées. Khéops se découpe en haut-relief sur un fond de feuillage, disparaît dans une buse, réapparaît en ombre souple dans le soleil, rendu majestueux par la fierté du travail bien fait.

— Je n'ai jamais vu ça, laisse échapper l'instructeur, il est vraiment extraordinaire ce chien...

— Il a tout de même filé sans ordre, dit Mercier. Et je n'aime pas ça !

L'instructeur regarde le pompier en coin :

— Il n'a pas voulu mal faire. Il avait simplement envie de travailler pour lui-même... Il ne faut pas le reprendre...

Pressés par le temps, les deux hommes abrègent à contrecœur les jeux du fugueur. Encouragé par l'attitude conciliante de l'instructeur, Mercier ne sévit pas. Il ne félicite pas non plus son ami, bien qu'il en brûle d'envie. Ce n'est que longtemps après le repas, alors qu'il s'apprête à retourner sur le terrain pour répéter inlassablement les exercices qui mécaniseront peu à peu les chiens, qu'il se laisse aller à reparler de l'escapade.

— Tu sais, mon pépère, lui souffle-t-il alors dans le cou comme il le fait chaque fois qu'il a quelque chose de grave à faire comprendre à son chien, j'étais très fier de toi tout à l'heure... Est-ce que tu t'en es rendu compte?

Deux heures, c'est trop long pour la mémoire d'un chien qui ne compte pas le temps qui passe. Mais Khéops remue la queue pour montrer qu'il prend de l'intérêt aux mots chuchotés si près de son oreille.

Deux autres journées de stage s'écoulent ainsi au même rythme qui ne laisse de répit ni aux maîtres ni aux chiens. Alain Mercier ne ressent pas la fatigue. Pour lui rien ne compte que la réussite de Khéops. Il passe du doute, quand son ami hésite à s'engager franchement dans des exercices faciles, à la fierté lorsque le chien se fait remarquer par sa rapidité à exécuter les exercices les plus ardus.

— Vous avez maintenant achevé la première partie du travail, vient annoncer François Rostolland à ses élèves au soir du jeudi 23 octobre. Dimanche nous partirons sur le terrain pour mettre en pratique tout ce que vous avez appris ici. Vous camperez sous la tente à Noyers-sur-Jabron, tout près des ruines d'un village. Là-bas tout ne sera pas facile, puisque vous vous retrouverez exactement dans les conditions d'une colonne de secours lancée dans la nature...

Le CRS donne encore quelques précisions sur le déplacement, puis annonce un travail d'accoutumance aux hélicoptères pour le lendemain.

Les stagiaires et leurs chiens muselés ont gagné le terrain d'envol de la gendarmerie de Briançon. Une Alouette III les y attendait, rotor en marche.

— Ça fait du bruit, fait remarquer Mercier à Khéops qui fixe sans broncher l'étrange engin crachant des hurlements de tous les enfers, il va falloir t'habituer mon bonhomme!

Quelques chiens tirent sur leur laisse pour s'éloigner du grondement qui vrille leurs tympans. D'autres aboient contre le monstre. Khéops observe, tranquille au contact rassurant de son maître. Dans le déchaînement du rotor tournant à plein régime, Alain Mercier saisit difficilement que c'est à lui d'approcher de l'Alouette pour embarquer.

Habitué aux hélicoptères, le pompier se baisse pour passer sous les pales. Khéops progresse la queue basse. Son ventre balaie le sol. Il chemine, écrasé comme il ne l'a jamais été.

— C'est bien, l'encourage Alain en l'obligeant à demeurer une longue minute au-dessous des pales.

Puis, passant à la deuxième phase de l'accoutumance, le couple se hisse dans la nacelle de l'Alouette.

— Attention, prévient un gendarme de l'équipage, il ne faut absolument pas toucher à cette manette...

Mercier découvre une commande noire qui dépasse à peine d'entre les sièges du mécanicien et du pilote.

— Oui, poursuit l'instructeur, si par malheur un chien ou un pied la met en mauvaise position, l'hélico risque de s'écraser...

Khéops demeure une poignée de minutes dans l'hélicoptère. Son maître l'a installé à la place où il se trouverait en cas d'intervention réelle. Il inspecte avec curiosité le bruyant habitacle et dévisage les gendarmes coiffés de leur casque intégral.

— On dirait qu'il n'a pas peur, annonce enfin un instructeur. C'est un bon point !

Les choses se gâtent lorsque Khéops doit redescendre de l'appareil hurlant. Il se penche vers le sol en couinant mais ne se décide pas à délaisser le bord. Son maître retrouve en un éclair les attitudes du jeune chien qui hésitait à plonger du haut des rochers de Mortola. Il l'encourage de la voix, mais doit bientôt se résoudre à le pousser au-dehors. Le chien muselé se plaque une nouvelle fois au sol sous le vent des pales et, tirant comme un diable sur sa laisse, il presse son maître de retrouver le groupe des autres stagiaires.

— On verra ce que ça donnera en vol réel, conclut François Rostolland alors que les pales de l'Alouette s'immobilisent dans un chuintement de plus en plus rauque, à Noyers-sur-Jabron vous serez hélitreuillés avec votre chien... Et ça sera une autre paire de manches...

11

Le flair du champion

Le stage de formation du Crêt, instructeurs, élèves et chiens, lève très tôt le camp au matin du dimanche 26 octobre. Les camions militaires mis à la disposition de François Rostolland sont chargés du matériel d'une véritable colonne de secours. Alain Mercier goûte le plaisir devenu trop rare d'être seul, vraiment seul avec Khéops. Il est tout joyeux en conduisant sa 504 vers Noyers-sur-Jabron, que le convoi doit atteindre avant la mi-journée.

Khéops, lui, apprécie le répit à sa manière, il somnole, bercé par le ronronnement de la Peugeot.

– Je t'ai trouvé bien guilleret au moment de monter dans la bagnole, lui fait tout de même remarquer Alain Mercier, j'ai bien l'impression que tu es persuadé que nous retournons à Menton... Hélas non, mon pauvre vieux... Il y a encore une longue semaine de boulot avant que tu puisses retrouver Marielle et Jessica !

Le chien réagit aux noms familiers. Il se redresse, soudain très intéressé, ses yeux ronds brillent et sa queue frétille. Le pompier décide de changer de conversation pour ne pas entretenir plus longtemps l'illusion des retrouvailles, et Khéops s'assoupit de nouveau. Le convoi traverse Gap sans encombre.

— Nous serons sur place avant l'heure prévue, se réjouit Alain Mercier, j'ai hâte de te voir au travail en situation presque réelle !

Khéops est moins pressé que le pompier. Il se sent si bien dans la tiédeur de la voiture qu'il entrouvre à peine les yeux lorsqu'elle s'arrête ou accélère brusquement.

— Il ne faudrait pas que je flanche dans l'épreuve théorique, se dit Mercier. Ça serait tout de même moche de gâcher toutes les chances de Khéops par une erreur de ma part !

Le convoi stoppe au village de Noyers. Khéops se détend les muscles pendant quelques minutes autour de la voiture. Puis les camions se remettent en route en brinquebalant sur une mauvaise sente.

Les ruines du hameau mort dorment grises et blanches autour d'une chapelle coiffée d'un clocheton. Mais, bien vite, le village abandonné reprend vie à grands coups de maillets, d'abois et de cris. Les tentes collectives dans lesquelles les stagiaires et leurs instructeurs dormiront sont aussi vite dressées qu'en cas d'installation réelle d'un camp de base d'intervention.

— Toi aussi tu vas faire du camping, annonce Alain Mercier à Khéops, regarde bien : je vais te montrer comment on monte une tente !

Alain Mercier a choisi pour le berger un endroit bien sec à une vingtaine de mètres au-dessous de sa propre tente. Le petit abri beige clair est vite dressé. Le pompier parfait son étanchéité en alignant des pierres à la base de ses pans de toile.

— Comme ça, explique-t-il au chien intrigué par l'érection de la tente, les vipères et les autres bestioles qui doivent rôder dans le coin ne risqueront pas de venir te rendre visite... Et s'il se met à pleuvoir, ajoute-t-il, ne t'en fais pas, j'ai creusé des rigoles qui empêcheront l'eau de couler dans ton gourbi.

Khéops répond en remuant la queue comme il le fait toujours.

— Bon, je vois ce que c'est, reprend son maître, tu t'en fous comme de ta première tétée ! Coule-toi au moins à l'intérieur, tu comprendras peut-être un peu mieux...

Le chien obéit au conseil, hume consciencieusement toute la surface de la tente, interroge son maître du regard, piétine longtemps l'espace sur lequel il devra dormir, puis se love tranquillement sur l'herbe sèche.

— C'est bien, le chien, le félicite alors son compagnon, tu as vite pigé ! Tu es chez toi...

Tous les autres chiens n'acceptent pas aussi facilement que Khéops de se loger sous la toile. Alain Mercier suit le manège comique de leurs maîtres qui sont obligés de s'y reprendre à plusieurs fois pour leur faire intégrer leur nouveau domaine. Khéops, pendant ce temps, est ressorti de son abri pour s'asseoir entre le jerrican de plastique bleu à bouchon rouge qui contient son eau fraîche et la bassine toute propre dans laquelle il mange depuis le début du stage sa ration de huit cents grammes de soupe Royal Canin arrosée d'eau tiède et son kilo de saucisson Cany-Caty coupé en morceaux.

Des lampes dont l'énergie est produite par un groupe électrogène amené de Briançon éclairent tant bien que mal le campement qui s'anime peu à peu dans la brume tenace du lundi 27 octobre. Les hommes et les chiens font un rapide parcours de décrassage.

— Nous n'avons pas de temps à perdre, annonce un instructeur. Il faut vous dépêcher de refaire les exercices les plus faciles...

Alain Mercier entend comme en écho la petite antienne déjà cent fois répétée : « Pour un chien : ce qui n'est pas constamment exercé est vite oublié ! »

La routine est rondement expédiée. Khéops semble blasé par la facilité de l'entraînement.

— Attends un petit peu, lui annonce enfin son maître, cette fois le vrai travail va commencer... Nous allons voir ce que tu vaux vraiment !

Noyers-sur-Jabron résonne d'aboiements, de cris et de pétarades de moteurs simulant l'intervention d'engins de déblaiement sur le site d'une véritable catastrophe. Alain Mercier et Khéops ne trouvent qu'à peine le temps de souffler entre deux exercices. Des recherches de plus en plus dures se succèdent à un rythme croissant, et les longues courses dans le maquis font place à des cours de topographie, de procédure radio, de secourisme ou d'hygiène canine.

Les oreilles encore bourdonnantes de termes techniques, de conseils de soins à prodiguer à un chien en cas de morsure de vipère et de piqûre d'insectes, d'entorse, de luxation, de fracture ou d'écrasement de la cage thoracique, de syncope, d'hémorragie, d'asphyxie, d'électrocution et d'empoisonnement, Alain Mercier se promène à l'écart des autres stagiaires pour détendre Khéops avant un exercice de recherche particulièrement ardu.

— C'est à toi, l'avertit bientôt un instructeur, tu es paré ?

Le pompier se rend à la course vers le point de départ de l'exercice.

— Bien sûr que nous sommes prêts, hein le bonhomme, susurre-t-il à l'oreille de Khéops en le plaçant sur le qui-vive à l'entrée des ruines à fouiller, et tu vas leur retrouver en vitesse les fausses victimes...

Lancé, Khéops devient étranger à tout ce qui n'est pas son travail. Il escalade des pans de murs sans se soucier des pierres qui en tombent. Il se coule en jappant dans des boyaux d'éboulis et marque d'aboiements francs chaque localisation des corps ensevelis dans des caches aménagées à des profondeurs variant de un à trois mètres.

— Avec un signal aussi net de la voix, se réjouit son maître qui le tient en contact par une longe de sept mètres, je suis certain qu'il ne bluffe pas...

Les trois premières victimes dissimulées par les instructeurs dans les ruines du vieux Noyers sont retrouvées dans un temps record. Alain Mercier se rend compte à quelques mimiques échangées au cours du travail que ses juges apprécient la traque nerveuse de son chien.

Le couple de sauveteurs ne prend qu'à peine le temps de souffler avant d'attaquer la recherche de la dernière victime. Les maîtres-chien échangent des regards entendus.

— Je crois bien qu'ils nous ont préparé un tour de cochon, se dit le pompier qui a saisi leur manège. Il va falloir jouer serré !

Khéops, toujours nez au sol, capte tout de suite la trace de l'homme caché dans les décombres. Le bruit des moteurs et les éclatements de pétards qui grondent autour des ruines ne le distraient pas une seconde de sa quête. Comme toujours ébloui lorsqu'il le voit progresser ainsi dans un état second, son maître le suit difficilement dans le fouillis de poutres et de murs écroulés.

— Il me fait presque peur, s'avoue Alain, impressionné par la concentration du chien aux yeux exorbités par la tension nerveuse. Quelle quantité d'énergie peut-il bien dépenser en quelques minutes ?

Khéops pénètre sans hésitation dans une maison sans toit dont l'intérieur est assez bien dégagé. Il se met à renifler la base d'un de ses murs puis lève le museau vers sa mi-hauteur.

— Tu vois bien qu'il ne peut y avoir personne, lui souffle le pompier en tentant de l'entraîner plus loin. Il n'y a pas de place pour cacher un bonhomme par ici, et il n'y a pas trace de souterrain...

Têtu, le chien poursuit ses reniflements en remuant la queue et en geignant de plus en plus fort. Aussi buté que lui, Mercier essaye à nouveau de l'obliger à aller chercher ailleurs. Un instructeur approche furtivement du couple au travail.

— Regarde bien ton Khéops, conseille-t-il à mi-voix, étudie bien chacune de ses réactions...

Le pompier obéit en redonnant du mou à sa longe. Khéops persiste à frotter du museau contre le mur. Il aboie de plus en plus fort en sautant plusieurs fois sur l'obstacle. Son maître ausculte du regard les pierres disjointes par endroits.

— Il est en train de se planter, pense-t-il après avoir bien inspecté le mur épais, il ne peut rien y avoir de caché dans cette baraque...

Khéops saute de plus en plus haut. Ses abois sont secs.

— Bon, annonce enfin un instructeur, ça suffit comme ça... Il l'a trouvée sa victime... Chapeau, car ce n'était pas évident du tout !

Alain Mercier voit émerger du haut du mur un comparse en combinaison terreuse.

— Ils sont tout de même vicieux, réalise-t-il. Ils ont remonté un deuxième mur contre le premier et ils ont planqué le gars entre les deux !

Un peu vexé pour lui mais très fier pour son chien, Alain Mercier remercie Khéops d'une longue caresse entre les oreilles.

— Bravo... Tu m'as bien eu ! Moi, je ne l'aurais certainement pas déniché, ce bonhomme coincé entre les deux murs...

Khéops reprend ses esprits comme un fakir sortant de catalepsie. Ses yeux retrouvent un peu de leur douceur habituelle, ses muscles s'amollissent, il halète toujours aussi fort mais semble apprécier un peu plus à chaque seconde les caresses de la récompense.

— Il nous a roulés, entend Alain Mercier en s'éloignant du chantier pour détendre son chien, c'est vraiment un champion !

Le pompier se sent en une seconde récompensé pour le travail patient qu'il avait entrepris tout seul à Castillon.

— C'est bien vrai que tu es un as, mon Khéops, dit-il en se penchant à nouveau vers son chien. Moi, avec mon intelligence humaine, je n'aurais jamais pensé à chercher le gars dans le mur. Je me disais qu'une victime d'éboulement ne pouvait être qu'enterrée... Tu m'as donné une belle leçon, il ne faut jamais se fier à la logique dans une recherche... Il n'y a que le flair qui compte... Mais le flair d'un champion!

12

Khéops est breveté

Les chiens donnent de la voix pour saluer le grondement d'un hélicoptère de la gendarmerie qui se pose sur l'aire improvisée par les élèves de François Rostolland. Alain Mercier redoute un peu l'exercice d'hélitreuillage.

— C'est pas pour moi que j'ai la trouille, confie-t-il à Khéops en le sanglant dans un harnais entoilé. J'ai depuis longtemps l'habitude de ce genre d'acrobatie, mais toi, tu ne vas peut-être pas apprécier le voyage...

Khéops ne marque aucune appréhension en approchant de l'Alouette III. Il ne se plaque même pas au sol comme lors de sa première prise de contact avec l'engin grondant.

Le pilote arrache aussitôt l'appareil du sol. Khéops remue à peine les oreilles dans le tintamarre du décollage. Il ne prête guère d'attention au manège de son maître qui se capelle au treuil de l'hélicoptère.

— Vous pouvez y aller! hurle un gendarme.

Alain Mercier attache le chien contre sa poitrine à l'aide d'un croc de montagnard, l'agrippe solidement, et se laisse pendre sous le ventre de l'Alouette maintenue en vol statique à une vingtaine de mètres du sol.

— Ça va? hurle-t-il à l'oreille du chien qui roule des yeux fous. Laisse-toi faire et tout se passera bien!

Pris comme il l'est dans son large harnais, le berger ne peut se débattre comme il semble en avoir envie. Il se calme peu à peu. Son regard croise celui de son maître au prix d'un mouvement du cou bien peu naturel. Le pompier reçoit alors comme un choc au cœur.

— Ce n'est pas possible, se rend-il compte, très ému, il pue la trouille mais il trouve la force de vouloir me faire comprendre qu'il a confiance...

Le couple tournoie sous l'araignée immobile pendant deux minutes. Khéops se laisse peu à peu aller à regarder sous lui. Le vacarme ne semble plus le gêner. Il fixe une fois encore son maître d'un air de dire :

— Pourquoi tu en faisais tout un plat de cette balade ? Ce n'est pas si terrible que ça au fond... En tout cas, tu vois : je n'ai plus peur !

Le pompier fait un geste vers l'hélico, le gendarme treuilliste le fait doucement descendre vers le sol, puis le remonte tout aussi lentement sans que le chien ne manifeste plus le moindre affolement. Le pilote décide alors d'effectuer un bond de six cents mètres en transportant le couple sous lui.

— C'est chouette, le chien, apprécie Alain Mercier dans le vide, tu trouves pas ?

Fouetté par le vent, le berger n'entend rien des cris de son maître. Il se sent tout à coup si bien que l'homme qui le tient voit sa tête aller de droite à gauche pour jouir du paysage qui défile. L'hélicoptère perd de l'altitude, la terre se rapproche vite, les arbres et les hommes reprennent leur taille normale. Le pompier met les pieds au sol, se libère du treuil d'un geste professionnel, fait un signe vers le treuilliste qui remonte son engin, et décroche le croc de son chien.

— Je suis sûr que tu t'ébrouerais comme après un bain si tu n'avais pas ce foutu harnais autour du corps, lui fait-il remarquer, pas vrai ?

Pour toute réponse, Khéops fait mine de filer vers

l'Alouette qui vient de se reposer et charge à son bord un nouveau stagiaire et son chien.

— Mais, s'étonne alors son maître, ce n'est pas possible... Il en redemande !

La fin du stage approche. François Rostolland a décidé de faire franchir sans pont une rivière à ses élèves. L'un d'eux se coule dans l'eau pas très haute en cette saison, se saisit du va-et-vient que lui projette un de ses compagnons, l'amarre solidement à un tronc d'arbre et en relance le bout vers l'autre rive en surplomb.

— Ça va être un peu comme en hélico, annonce alors Alain Mercier à Khéops, ce ne sera donc rien pour toi...

Le chien se laisse harnacher sans crainte, et ne manifeste pas d'émoi lorsque le pompier ripe sur le va-et-vient en lents balancements au-dessus des cailloux et de l'eau blanche d'écume.

— Avec toi, fait mine de regretter le pompier lorsqu'un élève l'a aidé à se démettre du va-et-vient, il n'y a plus rien de drôle... Plus rien ne semble t'étonner...

Puis les recherches reprennent dans les ruines où les instructeurs ont enterré de place en place des guenilles pour dérouter les chiens. Khéops ne tombe pas dans leurs pièges et retrouve une à une les victimes qu'il devait localiser.

— Il a fait le parcours bien en deçà du temps imparti, fait remarquer un juge à son maître, je crois qu'il aura une très bonne note... Tu n'as pas à t'en faire !

Khéops est demeuré à l'endroit où son maître lui a dit de rester après le parcours réussi. Les autres élèves passent à leur tour dans les ruines.

— C'est une dernière fois à toi, annonce un moniteur, va chercher ton chien !

Le pompier sifflote un air à la mode en se dirigeant vers Khéops.

— Encore un effort, le pépère... Et tout sera fini !

Le pépère ne bronche pas. Son maître le croit allongé dans les herbes.

— Allez, fainéant, au boulot je te dis !

Le berger ne se manifeste toujours pas.

— Bon Dieu, craint un instant Alain, pourvu qu'il ne se soit pas fait mordre par une vipère...

Le pompier se rassure un peu en trouvant la place vide. Mais il s'inquiète lorsque Khéops ne revient pas vers lui malgré ses appels.

— Alors, vient s'impatienter l'instructeur, tu arrives oui ou non ?

— Mon chien a disparu, est bien obligé d'avouer Alain Mercier, il a filé avec sa laisse... Ce n'est pas son habitude !

Les deux hommes fouillent le maquis tout proche et se rendent vite à l'évidence : Khéops s'est enfui.

— Ou quelqu'un l'a emmené, envisage calmement son maître, c'est sans doute un copain qui a voulu me faire une farce...

Le temps passe, le pompier commence à s'énerver. Il remonte vers les ruines avec l'instructeur presque aussi gêné que lui. Son regard se pose machinalement sur l'étage ouvert aux quatre vents d'une des premières maisons du vieux Noyers. Il sursaute en apercevant l'espace d'une seconde la truffe bien noire de son chien, qui a tout aussitôt disparu dans l'ombre des combles délabrés.

— La vache, grommelle-t-il en faisant semblant de n'avoir rien vu, il est là-haut et il se fout de nous !

L'instructeur découvre lui aussi le berger qui se tapit l'œil rigolard à quelque quinze mètres des hommes qui le cherchent.

— Tu as raison, reconnaît-il. Il a même l'air de s'amuser comme un fou...

— Il devait en avoir assez de toujours chercher des hommes, enchaîne Alain, pour une fois il a voulu que ce soit nous qui le cherchions... Est-ce que je dois le gronder ?

La réponse négative du moniteur rassure le pompier.

— Khéops, crie-t-il joyeusement, tu peux descendre, on t'a vu!

Le chien bondit souplement à bas de son promontoire et vient remuer de la queue et tournoyer tout heureux autour des deux hommes.

— Bon, ça va, conclut son maître en rattrapant le bout de sa laisse dans la poussière, tu nous as bien eus! Mais maintenant il faut travailler pour de bon...

Revenu à l'ouvrage avec peut-être plus d'ardeur qu'il n'en a jamais montré, Khéops retrouve une à une les victimes profondément enterrées, sans se préoccuper des pièges tendus par les hommes de Rostolland. L'exercice se termine. Les instructeurs se retirent à l'écart des élèves pour délibérer.

— Il n'y a plus qu'à espérer, confie Mercier à son champion. Souhaitons que toutes tes clowneries ne pèsent pas trop lourd dans la balance...

Khéops se repose sous sa tente. Son maître est tendu. Il se tient à l'écart des discussions animées de ses compagnons.

— Mercier, s'entend-il enfin appeler, c'est à vous!

François Rostolland n'a pas tenu au cérémonial public de proclamation des résultats. Il a trouvé préférable de faire le point en tête à tête avec chacun de ses élèves pour leur faire remarquer ce qui va ou ne va pas dans leur façon de vivre avec leur chien.

— C'est bien, Mercier, commence-t-il par dire dès que le maître de Khéops est entré dans son véhicule PC, votre chien est très bon, je suis sûr que vous formerez une bonne équipe... Mais, pour cela, il ne faudra jamais arrêter de travailler... D'accord?

Le pompier est follement heureux.

— Bien sûr, promet-il, mais je voulais vous dire que je n'ai aucun mérite personnel à cette première réussite... C'est mon chien qui m'a forcé à le faire travailler dans la montagne au-dessus de chez nous... Moi, je n'ai jamais rien appris de sérieux en ce qui concerne le dressage... Nous nous sommes faits tout seuls!

François Rostolland ignorait que son élève ne sortait pas comme les autres d'un stage de dressage.

— Eh bien, dit-il, c'est d'autant mieux pour vous et pour le chien, et ça donne beaucoup d'espoir pour l'avenir... Encore bravo, et bonne chance !

Le pompier ivre de joie court tout aussitôt annoncer la nouvelle à Khéops.

— Tu es breveté, mon pépère, tu es breveté, lui répète-t-il à toute allure, tu te rends compte : tu es breveté !

Khéops ne se rend compte de rien du tout. Mais l'émotion de son maître l'intrigue et le gagne. Il se fait encore plus doux que jamais.

Un instructeur vient rompre l'intensité de l'étreinte amicale.

— Alors, lance-t-il au pompier remis sur pied, tu es content ?

— Oui, ça va, François Rostolland m'a dit que mon chien était bon...

Le moniteur fronce les sourcils :

— C'est tout ce qu'il t'a dit ?

L'homme qui flatte distraitement les longs poils de Khéops ajoute encore au bonheur du pompier en précisant :

— Ben oui, il aurait au moins pu te dire que Khéops est le major du stage...

— Ça alors, jubile Alain Mercier en frottant à nouveau son visage rayonnant au cou tiède de son chien, tu te rends compte mon Khéops ? Tu es vraiment le meilleur... Merci de tout mon cœur ! Maintenant nous avons le droit de travailler pour de bon...

13

Khéops soldat du feu

Alain Mercier ne voit pas passer le temps sur le chemin du retour à Menton. Il conduit vite en savourant la réussite de Khéops qui se repose derrière lui. Il fait nuit depuis longtemps lorsqu'il retrouve avec plaisir les virages mille fois négociés au volant des véhicules d'intervention du capitaine Veillon. Khéops a reconnu le quartier du Carei. Il ne somnole plus et se tient bien droit aux aguets de son univers retrouvé.

— Il faut patienter encore un peu, lui annonce son maître, nous serons à la maison dans moins d'une demi-heure, je dois passer à la caserne pour reprendre la 504... Tu te rends compte... Marielle doit déjà nous attendre !

Le troc des véhicules se fait rapidement sous l'église des Pénitents-Noirs découpée dans le ciel par la pleine lune. Une autre voiture s'arrête devant la caserne. Alain Mercier retarde le démarrage pour saluer l'adjudant Jean-Marie Tortarolo qui s'approche de lui.

— Alors, questionne seulement le gradé méridional, qui rentre d'un stage de chef de groupe de sauvetage-déblaiement, comment ça s'est passé ?

— Khéops a tout bon... Il est même sorti major du stage !

— Ça alors ! lui annonce joyeusement l'adjudant, moi aussi je suis sorti premier de mon stage !

Mercier n'en dit pas plus. La 504 démarre. Elle est vite sur la route de Gorbio. La résidence Azur-Parc est une arête grise dressée dans le ciel. Les vitres de ses terrasses reflètent les rayons de la lune. Seules, celles du huitième étage sont illuminées.

— Elle nous attend, se réjouit le maître-chien, dépêche-toi d'aller faire ton petit tour...

Khéops disparaît vers l'enchevêtrement de matériaux abandonnés qui servent de château fort à tous les chats du quartier. Son maître n'a pas besoin de le rappeler. Il le devance pour entrer dans le hall de l'immeuble. L'ascenseur est là. Son ronronnement prend de l'importance dans le grand silence de la nuit. La porte de l'appartement s'ouvre, Marielle était derrière. Khéops jappe de bonheur en se frottant contre ses jambes. Son maître est obligé de le bousculer pour embrasser son épouse.

— Eh bien, le champion, je vois qu'il n'y en a que pour toi dans cette maison, tu me la laisses un peu la Marielle... dis ?

Khéops se désintéresse soudain de la jeune femme en chemise de nuit pour filer à pas de loup vers la chambre de Jessica. Il pousse tout doucement la porte pour aller renifler le lit de sa petite amie, en geignant le plus faiblement possible pour ne pas la réveiller. Puis il fait le tour du propriétaire sans oublier le moindre recoin de l'appartement et, sans accorder plus d'attention à ses maîtres, revient se coucher au pied du lit de Jessica.

— Laissons-le, chuchote alors le pompier, il est fou de bonheur...

Jessica se réveille bien plus tôt qu'à l'habitude. Ses parents dorment encore. Elle devine la présence de Khéops. Un merveilleux sourire retrousse un peu plus son petit nez mutin dès qu'elle aperçoit le chien. Elle se laisse couler de son lit pour aller enfouir sa frimousse dans les poils chauds de l'ami retrouvé, et c'est ainsi soudée au grand chien qui la cajole que son père la retrouve.

— Bon, c'est pas tout, avertit le pompier, je vais aller montrer Khéops à la caserne...

Tous les amis du nouveau maître-chien sont heureux pour lui. Le lieutenant Henri Audiffren, le maître de Dolly, n'est pas le dernier à le féliciter.

— Bravo, mon vieux, je suis content pour Khéops... Nous allons maintenant pouvoir travailler en équipe...

Le capitaine Veillon y va aussi de son couplet de congratulations.

— Demain, annonce le pompier à Khéops en remontant dans la 504, tu auras le droit de venir à la caserne avec moi... Tu es un vrai soldat du feu maintenant ! Mais il va falloir travailler dur, tu sais, rien n'est jamais fini dans l'éducation et le dressage d'un bon chien comme toi...

Le couple est à l'heure devant la caserne Forty. Khéops suit les pompiers de la garde montante qui vont sacrifier aux rites de la culture physique au bord de la mer, tout au bout de la promenade bordée de restaurants, là où il a l'habitude d'aller se baigner avec son maître. Puis c'est l'heure du retour à la caserne, celle de l'appel et du partage des missions pour la journée. Alain Mercier est de quart au standard.

— Qu'est-ce qui se passe, s'inquiète-t-il lorsque Khéops se met visiblement à bouder, queue basse et oreilles amollies, tu ne te plais pas ici avec moi ?

Le chien, lové sous le standard surchargé de fiches, ne réagit pas. Son maître comprend que l'exiguïté du local et la chaleur de serre qui y règne sont une gêne pour son champion.

— Bon, accepte-t-il, va m'attendre dans la salle à manger... Tu sais où c'est ?

Khéops a compris qu'il peut sortir du réduit. Il se lève, bat joyeusement de son fouet noir et feu, mais demeure en attente devant son maître.

— Ça va, tu veux que je te montre où tu dois rester en attendant la relève...

Khéops trottine derrière le pompier, ses coussinets usés glissent sur le carrelage bien soigné des couloirs aux murs tapissés de posters représentant des scènes de sauvetage, puis il s'allonge dans un coin de la coquette salle à manger.

— Pourvu qu'il ne gêne personne, se dit Alain en regagnant la veille.

Tout se passe bien. Khéops devient le petit roi de la caserne. Il a vite compris les rites des hommes qui, toujours les mêmes, viennent, chaque quarante-huit heures, prendre le service avec son maître. Il participe de plus en plus à leurs activités, réagit à la course lorsque le klaxon d'alerte vrille ses tympans bien plus sensibles que ceux des hommes, et demeure sagement en attente là où son maître le lui a ordonné lorsque c'est à lui de partir en intervention.

Khéops est félicité au retour d'une intervention qui a duré plus de deux heures :

— C'est bien, tu n'as pas bougé d'un poil... Je peux maintenant te faire entière confiance...

Le chien se sent tout à fait chez lui au bout de quelques prises de garde.

— Mais, s'étonne son maître un matin lorsque l'appel commence, qu'est-ce qui lui prend ? Il est devenu fou...

Khéops, contrairement à son habitude, n'est pas décidé à demeurer coi à l'écart de l'inspection bon enfant du chef de garde. Il emboîte le pas à ce dernier pour renifler l'un après l'autre les hommes alignés.

— On dirait qu'il les passe lui aussi en inspection, s'étonne Mercier.

Après la curieuse prise de service, Khéops se conduit le plus naturellement du monde tout au long de la journée et de la nuit.

— On va bien voir ce qu'il va faire demain, confie son

maître à Marielle au soir de sa deuxième journée de repos. S'il recommence c'est qu'il a une idée derrière les oreilles...

Le curieux manège reprend, avec peut-être encore un peu plus de soin dans les reniflements. Mercier ne comprend toujours pas ce qui peut bien expliquer le comportement de son compagnon. Il le regarde sentir les chevilles de chacun de ses camarades avec l'air appliqué qu'il avait au cours des recherches les plus difficiles dans le vieux village de Noyers-sur-Jabron.

— Ça veut peut-être dire quelque chose de précis pour lui, se répète-t-il lorsque son chef de garde rompt les rangs des pompiers, je vais l'observer tout au long de la journée... On verra bien ce qui lui trotte par la tête...

Quelques appels au feu émaillent la matinée. Alain Mercier est affecté à la conduite d'une ambulance et sort moins que ses compagnons qui arment les échelles et les camions-citernes. Rien dans le comportement de Khéops n'apporte de solution aux questions qui le taraudent. Mais des aboiements presque furieux le jettent soudain vers l'entrée de la caserne.

— Bon sang, gronde-t-il en dérapant dans l'escalier de la caserne, pourvu qu'il ne soit pas en train de mordre un passant...

Le pompier se rassure vite. Son chien est planté devant un volontaire qui devait être de service mais ne s'était pas présenté à l'heure de l'appel. Il aboie à chaque fois que l'homme fait mine de pénétrer dans la caserne.

— Essaye encore de passer, conseille son maître au retardataire.

Le pompier fait un pas. Khéops lui mordille la cheville en grondant. Et le manège se reproduit plusieurs fois de suite. Mercier est de plus en plus perplexe.

— Laisse-le passer, le pépère, tu le connais bien... lui ordonne-t-il enfin, allez : au pied !

L'ordre sec oblige le limier à obtempérer à contrecœur. Le retardataire va se présenter au chef de garde en réajustant le bas de son pantalon froissé par les dents solides du berger.

— Eh bien alors, le chien, interroge Alain toujours aussi perplexe, qu'est-ce que c'est que cette histoire? Tu ne tournes pas rond... On va aller travailler un peu vers Castillon. Ça te remettra peut-être les idées en place...

Le lendemain, Khéops galope longtemps derrière la 504 de son maître qui répugne toujours autant à lui faire pratiquer ce genre d'exercice, indispensable à son équilibre. Puis l'homme et le chien répètent inlassablement dans les ruines du vieux Castillon les rites de recherche appris à Briançon et à Noyers. C'est en sueur que le maître-chien met fin à la longue séance de dressage.

— C'est dur, reconnaît-il, mais il faut que tu sois parfaitement prêt pour notre première mission...

L'homme et le chien apprécient le répit qu'ils s'accordent, tassés l'un contre l'autre au sommet d'un rocher dominant les cascades grises et vertes des vallées qui coulent vers la mer plus embrumée qu'à l'accoutumée.

— Pour une fois, avoue Alain, je suis drôlement pressé de reprendre le service... Pour voir si tu feras encore l'intéressant au moment de l'appel.

Le chien semble tenir à l'habitude acquise. Il passe encore les pompiers en revue.

— Cette fois, pense Mercier, c'est foutu. Il le fera toujours!

Un pompier qui n'était pas de service se présente un peu avant midi devant le standard où Alain Mercier est de permanence. Pour une fois, probablement parce que la température est assez fraîche, Khéops a accepté de rester couché aux pieds de son maître.

— Salut, lance le standardiste, qu'est-ce que tu viens faire...

— Je vais...

L'homme n'a pas le temps de terminer ses explications, Khéops s'est soudain redressé, a jailli du local sombre, et lui fait subir le même sort qu'au retardataire de la dernière garde.

— Au pied ! crie Alain qui a enfin compris le comportement du chien. Pas bouger !

Le pompier en visite pénètre sans plus d'ennuis dans la caserne. Alain Mercier ne gronde plus son compagnon qui a réintégré le standard la queue basse.

— Tu es tout de même un drôle de chien, lui fait-il remarquer. Tu barres le passage à tous les gars que tu n'as pas reniflés au moment de l'appel ! Pour toi, ils n'ont rien à faire ici, puisqu'ils ne sont pas de service... C'est bien ça ?

Khéops relève la tête. Il plisse son front sous l'effort de compréhension. Son maître le trouve si touchant qu'il se baisse pour l'embrasser.

— C'est bien, le chien, lui souffle-t-il amusé, ne t'en fais pas, personne ici ne pensera à te reprocher tes inspections de vieux soldat du feu...

14

La première mission

Khéops s'intègre à l'effectif du capitaine Veillon. Il ne prive jamais les hommes des gardes montantes du spectacle de ses inspections, et ne laisse plus jamais pénétrer dans la caserne de la rue Gallieni un pompier qu'il n'aurait pas vu au moment de la prise de garde. Son maître lui aussi fait un peu plus chaque jour partie de la fratrie très fermée des maîtres-chien. Il rencontre le gendarme Serge Mignotty, de Roquebrune-Cap-Martin, qui parfait comme lui le dressage d'un chien à poil ras, il travaille très souvent avec Henri Audiffren qui habite à une centaine de mètres seulement de la caserne Forty, et fait la connaissance de Patrick Villardy, un pompier de Nice tout en muscles tatoués, tête ronde à cheveux ras, qui ne vit que pour les trois chiens qu'il dresse et qui font partie de sa famille, dans un petit appartement de sa caserne, en plein cœur de Nice.

— Celui-là, pense Alain Mercier, c'est un sacré numéro...

Pour être un sacré numéro, Patrick Villardy en est bien un, la France profonde de Guy Lux le connaît bien : il pèse à chaque fois bon poids dans les « Intervilles » qui opposent la ville de Jacques Médecin à ses concurrentes. L'infatigable animateur l'a même baptisé Brutus au cours d'une pantalonnade épique où son formidable tonus et ses grimaces grand-guignolesques avaient une fois de plus fait merveille.

— Brutus, c'est bon pour la télé, se souvient Alain Mercier en continuant à penser à son ami de plus de cent kilos de chair modelée par un entraînement intensif. Au naturel, c'est une véritable nounou pour ses chiens et un sacré bonhomme sur le terrain...

Il fait déjà nuit. Une de ces belles nuits de décembre riches en étoiles qui annoncent déjà le retour des santons de terre cuite sous les pailles d'or de leurs crèches. La table est mise. Alain se sent bien, mais peu à peu, il retrouve l'impatience qui vient le hanter chaque soir lorsque vingt heures passent.

— C'est à cette heure-là que les familles de disparus commencent à s'inquiéter, fait-il remarquer à Marielle, ça fait maintenant plus de deux mois que j'attends de voir le chien travailler pour de bon...

Le repas s'achève, Khéops a mangé lui aussi et paresse sur la terrasse malgré la fraîcheur. Jessica semble décidée à jouer longtemps avec son père. Marielle jette un regard distrait sur l'écran de son téléviseur. La sonnerie du téléphone trouble soudain la paix de la famille.

— Ce doit être ma sœur, avance Marielle en décrochant le combiné. Elle a toujours quelque chose à me raconter le soir...

Le visage de la jeune femme se ferme en reconnaissant une voix d'homme.

— C'est pour toi, prévient-elle en tendant l'appareil à son mari vite sur pied, c'est la caserne...

Le pompier sent son cœur battre en reconnaissant la voix de l'adjudant Jean-Marie Tortarolo, qui est chef de garde à la caserne Forty.

— Mercier, est-ce que tu pourrais venir tout de suite avec ton chien?... Il y a un disparu du côté de Grasse...

Le combiné claque sur son support avant que le spécialiste du déblaiement de décombres ait eu le temps de préciser les choses.

— Vite, Khéops, hurle presque Alain, cette fois on y va !

Marielle a compris. Elle ne demande rien à son mari qui prépare à la va-vite le matériel du chien, enfile un treillis tout propre, puis se chausse de pataugas de brousse.

— On n'aurait pas dû le faire manger, regrette-t-il en se souvenant que Khéops, qui le regarde s'agiter, a dévoré sa gamelle depuis plus d'une heure. Pourvu qu'il ne se retourne pas l'estomac d'énervement...

Soudain saisi d'un doute étrange, le pompier se demande si son chien va bien réagir. Il le considère, bizarrement inquiet, et se saisissant d'une balle de tennis, la lui fait humer puis va la dissimuler parmi les peluches qui jonchent la chambre de sa fille.

— Cherche, le chien !

Khéops découvre la balle jaune en une seconde et la tend à son maître en prenant l'air de trouver le jeu par trop facile.

— Qu'est-ce qui m'a pris, regrette alors ce dernier, ce n'est pas digne de lui ce que je viens de faire...

L'ascenseur paraît mettre une heure à monter jusqu'au huitième étage. Le couple s'y engouffre, sort à la course de l'immeuble d'où s'échappent des échos d'émissions de télé, et se coule dans la 504 qui démarre en une fraction de seconde.

L'adjudant Tortarolo attendait l'arrivée du maître-chien. Il le suit dans le local d'intervention en montagne pour l'aider à prendre tout le matériel nécessaire à un pistage : harnais d'héliportage pour Khéops, vingt mètres de corde alpine au tressage jaune et bleu, une muselière, une puissante lampe torche, et une pharmacie d'urgence comprenant des garrots, des ampoules tonicardiaques et des produits antihémorragiques.

Khéops, qui jusque-là ne semblait pas avoir réalisé ce qui se passait vraiment, donne des signes d'énervement en voyant son maître chargé du sac de montagne qu'il connaît bien.

— Eh oui, le pépère, on sort pour de bon cette fois... Ça te va?

Le chien frétille de tout son corps.

— Je crois bien qu'il a compris, lance Mercier en déposant son matériel dans une camionnette dont le moteur tourne déjà. Où doit-on aller?

— Ce sont les gendarmes de Grasse qui ont appelé, précise l'adjudant. Un pensionnaire d'une maison de retraite a disparu depuis le début de l'après-midi...

— Ça fait bien loin, se rend compte le maître-chien, est-ce que je pourrais avoir quelqu'un pour m'accompagner? Il faudra certainement que je passe la nuit là-bas...

L'adjudant n'hésite pas :

— Je te donne Thierry Boulanger... Ça ira?

Le Parisien est ravi. Boulanger est un solide montagnard de vingt-cinq ans, toujours de bonne humeur, chasseur impénitent et qui prépare une chienne à poil ras pour le stage de Briançon.

— D'accord, c'est bon, accepte-t-il en faisant signe à son futur compagnon de route, tu as la chienne avec toi?

Le chasseur n'a pas obéi au règlement qui interdit l'accès de la caserne aux chiens non brevetés. Pour une fois, Ulla, la jeune chienne fauve et noir, est là, tout heureuse de retrouver Khéops avec qui elle a déjà travaillé à l'entraînement.

— J'aimerais bien l'emmener si ça ne te dérange pas trop, demande son maître, mais je ne la ferai pas chercher... Je ne prends même pas son harnais...

Les deux chiens sont sages derrière leurs maîtres. Khéops beaucoup plus qu'Ulla qui couine d'énervement et le taquine parfois. Alain Mercier conduit la camionnette sans parler sur l'autoroute de Nice, dont il connaît par cœur les moindres traîtrises et les tunnels éclairés de halos orangés.

— Au fait, fait-il remarquer à son compagnon, on ne sait même pas si c'est un homme ou une femme...

La camionnette quitte l'autoroute. La départementale redescend sur Grasse après la traversée de Châteauneuf.

– On ne va pas tarder à rencontrer les gendarmes, avance Mercier. On y est bientôt !

Les gendarmes sont au point de rendez-vous. Ils guident les pompiers et leurs chiens jusqu'à la maison de retraite isolée en dehors de la ville. Le personnel de l'établissement est massé devant l'entrée du domaine, éclairé de toutes ses lumières. La directrice, la quarantaine distinguée, s'avance vers les nouveaux venus. Alain Mercier apprend que c'est une femme que Khéops devra rechercher.

– Depuis combien de temps ne l'avez-vous pas revue ? s'inquiète-t-il en s'apprêtant à libérer son chien.

– D'après tous les renseignements que j'ai pu recueillir auprès de nos pensionnaires, elle n'aurait pas donné signe de vie depuis quinze heures...

Il est presque minuit.

– Ça fait déjà neuf heures, regrette Mercier, la piste ne va pas être très fraîche pour le chien... Et en plus il y a pas mal de vent...

Puis, se rappelant tous les principes de mise en route d'une recherche appris à Briançon, il questionne à nouveau :

– Est-ce que vous avez décelé chez cette personne des tendances à la fugue ?

– Non. Elle semblait se plaire parmi nous...

– Vous a-t-elle paru suicidaire ?

La directrice secoue la tête en signe de dénégation.

– Mais est-ce qu'elle s'ennuyait de sa famille ?

– Oui, certainement, reconnaît la directrice. Elle en parlait assez souvent à ses compagnes... Sa famille est en Italie, vers Mortola...

Les gendarmes, en cercle autour du petit groupe, s'intéressent surtout à Khéops qui piaffe d'impatience.

– Bon, décide Mercier, je vais vous demander de bien vouloir me montrer la chambre de la disparue et de me laisser prendre un de ses vêtements... De préférence un de ceux qu'elle a déjà portés.

La petite troupe s'engouffre dans la large bâtisse pour gagner la chambre de la disparue.

Khéops est devenu grave. Insensible au remue-ménage qui l'entoure, il renifle la couche au couvre-lit blanc bien ajusté.

— Il a déjà compris, se réjouit Alain Mercier en s'emparant d'une chemise de nuit toute froissée.

Thierry Boulanger, qui a laissé sa chienne dans la camionnette, ne perd pas un geste de son ami ou une réaction de Khéops. Le berger est devenu si tendu qu'il n'a plus rien de commun avec le bon chien qu'Ulla taquinait encore de la dent il n'y a pas cinq minutes.

— Cherche, Khéops ! lui ordonne enfin son maître après l'avoir laissé humer le vêtement de la disparue.

Le chien réfléchit. Il ne jette plus un coup d'œil à son maître et file soudain vers la cage de l'escalier pour l'entraîner à l'extérieur. Les gendarmes suivent le couple.

— Chef, avertit le pompier, je dois vous demander de rester à une trentaine de mètres au moins derrière nous pour ne pas déranger le chien...

Les hommes en treillis ou en tenue de ville ralentissent le pas. Thierry Boulanger les imite.

Il ne fait pas très froid dans l'arrière-pays cannois. Le vent a faibli dans les pins et les ifs qui longent le faubourg de Grasse. Nez au sol, Khéops parcourt vite quatre cents mètres puis s'arrête devant un petit hameau noir et silencieux.

— Pourvu qu'il n'ait pas reniflé la trace d'un chat ou d'une autre bestiole, craint un instant Mercier, nous aurions l'air malin... Je vais lui faire encore sentir la chemise de nuit...

Le chien détourne vivement le museau de son linge et se relance en traque au travers du groupe de maisons aux volets clos.

— Il la tient bien, se réjouit son maître en laissant sa longe filer mou.

Reniflant de plus en plus fort, plongé dans l'état second qui inquiétait tellement Alain au début de leur complicité dans le travail, Khéops oblige ceux qui le suivent à traverser la route de Grasse à Cannes sur laquelle passent de temps en temps une ou deux voitures. Les halètements du pisteur résonnent plus fort lorsque les bruits de moteurs se perdent au lointain. La suite de la colonne retient ses pas pour ne pas troubler le chien. Alain Mercier et Khéops ne font plus qu'un. Ils sont si unis dans la tension que jamais, même au cours des exercices les plus durs dans les décombres aménagés de Noyers-sur-Jabron, leur entente n'a été aussi parfaite. Le pompier réagit à la plus infime sollicitation de son ami, il interprète sa plus petite hésitation et soulage sa longe au moindre changement de direction dans la traque.

— C'est bien, chuchote-t-il, continue... Tu vas la retrouver la vieille dame... Cherche encore !

Khéops n'entend même pas les encouragements. Il est tout à sa quête et ne se soucie pas des accidents de terrain qui lui barrent la route.

— Il disparaîtrait facilement dans un trou, s'inquiète son maître, on dirait que rien ne pourrait l'arrêter... C'est terrible cette volonté de bien faire. Elle lui fait oublier jusqu'à sa propre existence...

Le maître-chien n'est plus que l'ombre active du limier en transes. Le chef des gendarmes qui s'est rapproché est obligé de lui taper sur l'épaule pour capter son attention.

— Il est minuit passé ! lui annonce-t-il. Il serait temps d'arrêter les recherches... On ne la retrouvera certainement plus dans cette nuit noire...

Le pompier refuse la défaite.

— Non, rétorque-t-il à l'homme qui chuchote pour ne pas déranger le chien, écoutez-le renifler, je suis certain qu'il tient la bonne piste !

Le gendarme accepte de poursuivre la quête et se laisse à

nouveau distancer. Khéops tire de plus en plus fort sur sa longe en revenant vers la route.

— Doucement le chien, lui conseille alors son maître, ils ne suivent plus !

Le berger longe la départementale sur près d'un demi-kilomètre, puis il s'arrête au-dessus d'un fossé en gémissant.

— Bon Dieu, gronde alors Mercier en le rattrapant, il l'a retrouvée !

Le fossé est vide. Mais Khéops refuse d'aller plus loin. Il tourne comme un écureuil en cage en reniflant chaque centimètre carré de terrain.

— Pour moi, dit Mercier lorsque les gendarmes viennent aux nouvelles, la femme est restée là un bon moment... Une voiture a dû s'arrêter pour la charger... Regardez mon chien, il persiste à marquer le coin... C'est un signe qui ne trompe pas !

Le gradé de gendarmerie est perplexe.

— Bon, décide-t-il, nous allons faire un ratissage en contrebas de la route...

Les gendarmes en treillis se coulent entre les arbres d'un maquis qui sent bon la résine et le thym sauvage. Alain Mercier a libéré son chien. Khéops va et vient nez au sol devant les hommes mais, têtu, il revient se figer à l'endroit où il s'était arrêté net. Le ratissage lancé sur trois ou quatre cents mètres ne donne rien.

— Nous rentrons à la maison de retraite, ordonne bientôt le patron des gendarmes, nous reprendrons la recherche à l'aube en partant d'ici...

Khéops se laisse entraîner à contrecœur sur le chemin du retour. Son maître le flatte pour le remercier du travail accompli dans la nuit noire.

— Je suis sûr qu'elle était là où tu as voulu nous l'indiquer, le rassure-t-il. Elle s'est cachée dans le fossé et quelqu'un l'a prise en auto-stop.

Thierry Boulanger donne de l'eau au limier qu'il faut tirer sans heurts de son état second. Le berger accepte de boire, ses lapements résonnent bientôt seuls dans la nuit car les gendarmes ont regagné leur caserne. Seule, la directrice est demeurée près du maître-chien.

— Je souhaite que votre magnifique animal ne se soit pas trompé, conclut-elle avant de se décider à aller prendre un peu de repos. Cela voudrait dire que notre pensionnaire est encore en vie... Elle s'est peut-être fait conduire chez les siens, en Italie... Appelez-moi demain matin, je vous donnerai des nouvelles quand j'aurai téléphoné à Mortola...

Khéops se calme peu à peu. Son regard a perdu l'étrange fixité métallique de la traque, il remue sa queue.

Les heures passent lentement pour le pompier éveillé dès l'aube.

— Bon, décide-t-il à bout de patience, maintenant il est dix heures... La directrice a déjà dû avoir des nouvelles d'Italie... Je l'appelle !

Le visage crispé du maître-chien se détend dès les premières paroles échangées avec la femme de Grasse.

— Elle était bien en Italie ? Et vous dites qu'elle est montée dans une auto à l'endroit indiqué par mon chien ? C'est formidable...

Ivre de bonheur, Mercier abrège la communication.

— Khéops, appelle-t-il, viens ici... C'est toi qui avais raison... Tu l'as réussie, ta première mission !

15

Khéops à la mer

Les pompiers de Menton, en plus de leur service, assurent l'armement de la vedette de sauvetage SNS 107. Alain Mercier embarque souvent à son bord pour des missions de recherche d'estivants en détresse. Les pompiers du capitaine Veillon profitent du répit de l'hiver pour parfaire leur entraînement. Khéops est accepté par les sauveteurs.

— Tu viens avec nous, lui annonce un matin son maître, tu aimes bien la mer?

Le chien connaît le mot mer depuis longtemps. Il est pour lui synonyme de jeux sans fin dans les vagues. Il remue la queue en signe d'approbation.

— Alors c'est bien, on y va, décide le pompier maître-chien en embarquant des bouteilles d'air comprimé et des détendeurs dans une camionnette d'intervention, il fait peut-être un peu frais, mais la mer est plate...

Tout joyeux, le chien saute dans le véhicule en bousculant les pompiers en tenue de plongée rouge qui s'y trouvaient déjà.

— C'est ça, Khéops, surtout ne te gêne pas... s'entend-il réprimander. Nous on ne compte pas!

La camionnette est vite au port. Son chauffeur la gare sous le musoir Napoléon-III. Juste en dessous, le moteur de l'embarcation en bois tourne déjà au ralenti et fait trembler ses bordés de bois peints en bleu marine et orange, aux couleurs de la Société nationale de sauvetage en mer.

— Paré à appareiller, annonce le patron des sauveteurs lorsque tout le monde est à bord.

Les deux moteurs ronronnent un peu plus fort. La vedette déborde en brassant l'eau claire. Les défenses sont rentrées. L'étrave puissante défait en écharpes blanches les longues ondes calmes qui marquent l'entrée du port. Khéops est tranquillement assis près de son maître.

— C'est beau, Menton, lui dit Alain, pas vrai le chien?

Le chien préfère l'immensité de la haute mer vide de voiles et dont l'horizon pâle est seulement cassé par les formes incertaines d'un paquebot croisant vers la Corse. Le patron de la vedette met ses deux moteurs en panne. Les plongeurs capellent en silence leurs couples de bouteilles jaunes et noires et sautent un à un dans l'eau tranquille. Khéops, penché en dessous du bastingage, aboie sèchement pour saluer chaque choc de corps dans l'eau.

Son maître plonge à son tour. Il hurle alors de plus belle, se tait lorsque la surface de la mer a retrouvé son calme. Il demeure tendu, regard braqué sur les chapelets de bulles d'air qui viennent éclater en bouillonnements irréguliers à quelques mètres de lui. Les bulles s'éloignent de la vedette qui se dandine en se laissant entraîner par un léger courant parallèle à la côte.

Quelques minutes passent dans une sorte de somnolence. Puis une tête moulée de néoprène rouge émerge du miroir bleu-gris. Khéops, bien campé sur ses pattes raidies pour assurer son équilibre, redonne de la voix en remuant la queue. Le plongeur s'agrippe à l'échelle souple qui pend à tribord de la vedette et, gauche comme un phoque sorti de son élément, grimpe près du chien qui le renifle au passage et se remet en guet au-dessus de l'eau.

— Il surveille les bulles, confie le patron de la vedette. Il ne bougera pas de son poste d'observation tant qu'il restera un gars sous l'eau...

Les hommes-grenouilles jaillissent un à un à l'air libre. Il ne manque bientôt plus qu'Alain Mercier. Khéops suit les bulles qui marquent son invisible déplacement. Le plongeur prolonge le jeu en passant sous la longue coque de la vedette. Khéops court en jappant sur le bord opposé pour le retrouver.

– Alors, le pépère, lui lance enfin son maître en se défaisant de son embout de respiration, ça t'a plu ? Tu aimerais peut-être faire comme nous, aller te promener avec les poissons ?

Le pompier se défait de ses bouteilles, et replonge sans palmes à la mer dans une grande gerbe d'écume. Il nage pendant quelques mètres puis, décidé à provoquer une réaction du chien qui le regarde en trépignant d'impatience, il se met à battre violemment des jambes et des bras à un rythme de plus en plus désordonné, puis il fait le mort en épiant le berger.

– J'ai peut-être tort de lui faire peur, regrette-t-il lorsque Khéops plonge à sa suite, mais je voudrais voir jusqu'où il est capable d'aller...

La tête du chien au poil lissé par l'eau apparaît à peine au faux noyé. Khéops nage très vite pour rejoindre son maître qu'il estime en grand danger.

– Le voilà, se rend compte Alain, il n'a pas perdu de temps !

Le berger allemand cogne du museau contre le visage de son maître qui se laisse aller en planche molle. Il lui donne machinalement un coup de langue, comme pour le rassurer puis, décidé à le ramener vers la vedette, il lui mord le bras à pleines dents.

– Et en plus, se rend compte le pompier en faisant durer à contrecœur l'exercice, il fait tout ce qu'il peut pour ne pas me faire mal...

Le chien, qui n'utilise qu'une faible partie de la formidable puissance de ses mâchoires de berger adulte, gagne peu à peu sur la mer en nageant de plus en plus fort. Sa queue gonflée d'eau flotte comme un gouvernail. Alain Mercier accepte l'épreuve pendant quelques secondes encore, puis il éclate de rire en entraînant sous l'eau son sauveur.

— Maintenant, s'amuse-t-il en soutenant la tête de son ami, c'est moi qui vais te ramener à la vedette... Tu en as assez fait comme ça... Laisse-toi aller!

Le chien se fait mou, la nage de l'homme bien entraîné est puissante. La coque bleue de la vedette est vite toute proche. Le pompier soulève Khéops hors de l'eau. Un pompier se penche pour le saisir comme un colis.

— Tu sauras comment il faut faire si tu vois quelqu'un tomber à l'eau, lui fait-il remarquer après que l'animal se fut plusieurs fois ébroué en projetant des litres d'eau sur les occupants de la vedette.

Le patron de la SNS 107 ranime ses moteurs, la mer forcit un peu lorsque la vedette double le môle de Menton dominé par l'immense Saint-Michel de Volti. Khéops saute le premier à terre et court se planter en attente devant la camionnette.

— Il a soif, fait remarquer Mercier aux autres pompiers, je vais lui donner de l'eau douce...

Le chien boit en battant de la queue pour remercier son maître.

— Tu ne m'en veux même pas de t'avoir fait si peur tout à l'heure, lui chuchote Alain, tu es vraiment mon meilleur ami... Un de mes plus grands bonheurs, avec les petites filles, Marielle, et Frédéric qui vit avec sa maman...

Khéops ne se contente pas d'apprendre le métier de sauveteur en mer. Il montre de l'intérêt pour tout ce que font les pompiers de la caserne Forty, il sait s'asseoir entre ses nouveaux amis dans tous les types de véhicules d'intervention et il n'hésite pas à se risquer sur les marches étroites de leurs échelles.

— C'est toi qui l'as voulu, lui dit son maître alors qu'il demeure paralysé par la peur à plus de huit mètres du sol au cours d'un exercice de déploiement. Ce n'est vraiment pas un truc pour les chiens de jouer les acrobates comme nous... Attends, je vais te tirer de là !

Le chien ne tremble pas sur son perchoir. Mais le pompier sait qu'il a peur : ses oreilles sont ramenées en arrière, il laisse échapper des petits cris aigus, comme le ferait un bébé mal éveillé d'un cauchemar, ses yeux roulent quand il trouve le courage de tourner la tête vers le bas pour implorer de l'aide.

— Tiens bon ! J'arrive...

La voix rassurante du maître empêche l'animal mal engagé de se laisser choir dans le vide.

Mercier est vite derrière le chien. Il le saisit et le sent reprendre confiance en se faisant tout mou.

— Là, susurre-t-il tout contre l'animal dont le cœur bat à tout rompre, on y est... C'est fini...

Comme s'il était honteux de l'aventure, Khéops file soulager sa vessie contre un mur de la rue Gallieni et revient, vite redevenu joyeux, se frotter contre son maître.

— Tu ne devrais pas le faire remonter là-haut, dit un pompier, ça ne lui servira jamais à rien de savoir grimper au feu...

— On ne sait jamais... En cas de catastrophe il faut être prêt à tout...

Khéops n'a pas l'air très chaud pour tenter de nouveau l'expérience, mais il obéit tout de même, orgueilleux comme un vrai champion. Ses pattes n'hésitent bientôt plus à escalader les degrés gris-blanc, il est vite à la hauteur où il avait flanché il y a quelques minutes.

— Bravo, le chien, continue !

Khéops jette un regard vers son maître qui se tient prêt à monter le soutenir, hésite quelques secondes, jappe comme pour se donner de l'aplomb, et gagne encore quelques mètres sur sa peur.

— Pas bouger ! lui ordonne Alain lorsqu'il parvient à une quinzaine de mètres.

L'ordre porte. Le chien s'immobilise jusqu'à ce que Mercier le rejoigne pour le faire descendre dans l'étroite nacelle de récupération qui coulisse sous l'échelle.

— Ça suffit pour aujourd'hui, décide ensuite le maître-chien, on n'est tout de même pas au cirque...

La journée se termine au rythme naturel des alertes. Le pompier s'apprête à passer une nuit de mauvais sommeil entrecoupé de missions.

— Je me demande comment tu fais, toi le chien, remarque-t-il, tu ne dors guère plus que moi et tu ne parais jamais fatigué...

Alain Mercier veille sur son chien comme sur sa petite Jessica. Un de ses amis lui a recommandé un vétérinaire de Monte-Carlo, Patrick Weill, avec qui il a tout de suite sympathisé. Weill n'a pas encore quarante ans, il est noir de cheveu, très élégant de gestes et de mise, et il aime passionnément tous les animaux, même si à Monaco il a plutôt l'habitude de voir défiler des chiens au pedigree interminable.

Le vétérinaire accueille Khéops avec la chaleur amicale qu'il lui avait prodiguée dès leur première rencontre. Khéops, lui, est tout à fait détendu en pénétrant dans l'univers qui sent si fort le médicament.

— Alors, s'inquiète l'homme de l'art en le flattant à gestes très doux, qu'est-ce qui lui arrive ? Nous ne devions pas nous voir avant le mois prochain ?

Le pompier grimace.

— Hier, je ne pouvais pas l'emmener à la caserne car je devais aller à Nice pour une corvée... Il est donc resté à la maison et il n'a pas arrêté de vomir... Est-ce que c'est grave ?

Le vétérinaire décide d'ausculter son patient. Khéops se

dirige de lui-même vers la table de consultation tendue d'une épaisse toile cirée et, frôlant à peine un trépied de ses pattes arrière, saute pour s'installer sur elle.

— Ça alors, s'étonne le vétérinaire, ce tabouret est si mal équilibré qu'il suffit d'un rien pour le faire chavirer et il ne l'a pas fait tomber... En tout cas je n'ai jamais vu un chien monter tout seul sur ma table de travail...

Khéops se laisse tâter par les doigts experts qui lui font pourtant mal en s'enfonçant vers son foie. Il geint, mais rue à peine.

— Ce ne sera rien du tout, entend Alain, il a tout simplement fait une crise de foie à cause de votre absence... C'est nerveux!

Le pompier se sent coupable.

— Je tâcherai de ne plus jamais te laisser seul, promet-il, mais il ne faudra pas me refaire le coup de la crise de foie quand je te laisserai à la maison... D'accord?

Le chien monte dans le break Volvo orange que son maître vient d'acheter d'occasion il y a quelques jours à peine. Il s'allonge de tout son long sur sa couverture, et s'endort, tranquille et confiant. Alain Mercier l'épie dans son rétroviseur.

— Dire qu'il aura bientôt trois ans, réalise-t-il. Il va durer encore combien de temps notre bonheur si parfait? Sept... huit... neuf ans à tout casser... Pourquoi faut-il que le temps passe si vite!

16

La petite fille de Saint-Paul-de-Vence

Le printemps 1983 vient de naître. De somptueux arcs-en-ciel relient les montagnes lorsque des averses tombent. Puis le maquis se réchauffe et fume lorsque cessent les pluies.

Le berger allemand affirme ses qualités de jour en jour. Il est de plus en plus équilibré, même un peu trop au goût de son maître qui lui reproche parfois son trop grand sérieux et son peu d'attirance pour les jeux dont raffolent les autres chiens de son âge.

– Mais, fait-il remarquer à son épouse, il faut se faire une raison. C'est d'ailleurs par son sérieux qu'il a attiré mon attention au chenil du Val-Scander... J'ai eu ce que je voulais : un bon gros chien bien sage !

Le bon chien bien sage regarde ses maîtres parler de lui tout en s'occupant de Jessica qui vient d'entrer dans sa seconde année.

– Demain on va au boulot, lui lance le pompier qui a senti son regard lourd peser sur lui. Je me suis bousillé la cheville en courant ce matin, mais ça ira tout de même...

La prise de garde à la caserne Forty se passe dans le rituel habituel. Khéops inspecte comme à chaque fois ses compagnons d'alerte. Puis le temps s'écoule dans une routine brisée par quelques appels qui lancent les véhicules d'intervention en hurlant dans le dédale des rues de Menton.

— Mercier, avertit le chef de garde en fin d'après-midi, il y a une gosse de trois ans qui a disparu à Saint-Paul-de-Vence... C'est du travail pour ton Khéops!

Le pompier oublie d'un seul coup sa cheville endolorie. Il se munit de son matériel de montagne, fait un signe à son chien, et embarque dans le break 204.

— Aïe, gronde-t-il une fois installé au volant, je vais avoir du mal à conduire avec cette saleté d'entorse. Je vais demander à quelqu'un de venir avec moi.

Le chef de garde accepte de laisser partir Christian Romagnolo, un pompier toujours de bonne humeur et qui est passionné de chasse. Le jeune volontaire prend le volant. La 204 file vers Saint-Paul-de-Vence.

— Nous ne sommes pas les seuls, se rend compte Alain Mercier en débarquant de la Peugeot sur la place du long bourg fortifié. Les disparitions d'enfants mobilisent toujours autant de sauveteurs.

Le maître-chien reconnaît dans le groupe d'hommes en uniforme la silhouette massive de Patrick Villardy, et celle, plus élancée, de Daniel Imbert, son ancien moniteur de Briançon.

Déjà tendus vers la recherche à organiser, les trois hommes se saluent discrètement. Les secteurs de quête sont distribués. Le colosse de Nice s'éloigne avec ses deux chiens vers le nord de la ville et Daniel Imbert disparaît avec un autre groupe. Alain Mercier entraîne Khéops vers l'endroit d'où a disparu la petite fille.

Une femme aux cheveux courts est là, prostrée devant une galerie d'art de la rue Grande qui coupe Saint-Paul tout de son long. Ses traits figés par la tension ne trahissent plus aucune espèce de sentiment. Le pompier devine qu'il se trouve devant la mère de la petite fille.

— Auriez-vous un de ses vêtements sous la main? lui demande-t-il.

La femme hésite un court instant, puis se décide à aller chercher un lainage. Le pompier prend le vêtement et le fait renifler à Khéops. Il ne peut s'empêcher de penser que sa fille est à peine plus petite que la disparue.

— Il faut la retrouver, cette gosse, mon Khéops ! murmure-t-il au chien qui se familiarise avec l'odeur de l'enfant.

Le chien jette un regard lourd de promesses à son maître. Et il l'entraîne au ras des murs séculaires, ne se souciant même plus de lui.

— Ce n'est pas possible qu'il ait déjà flairé une piste, se dit Alain, mais avec lui, il ne faut s'étonner de rien...

Le berger allemand ne paraît pas troublé par le nombre inhabituel de gens qui le regardent travailler. Il poursuit son chemin comme s'il était à l'entraînement dans le maquis, tout seul avec son maître. Il stoppe bientôt son avance aveugle au-dessus d'un escalier menant à une porte en bois.

— Il marque dur ! annonce Mercier en le laissant renifler l'entrée d'une cave. La petite est passée par là après avoir quitté la galerie de sa mère...

Le berger couine devant la porte close. Jusque-là bien discrets, des gens du voisinage sont attirés par son manège et se mettent à parler.

— Oui, précise une femme en noir, une petite fille est restée longtemps à jouer assise sur ces marches... C'est peut-être celle que vous cherchez.

Khéops persiste à marquer l'endroit de ses jappements.

— C'était elle, assure un homme de Saint-Paul, je la connais bien la petite aux cheveux courts. Elle était bien là.

Alain Mercier est obligé de tirer sur sa laisse pour forcer Khéops à abandonner l'entrée de la cave et à reprendre les recherches.

— Laissez-le travailler, demande-t-il aux curieux qui continuent à serrer de près le limier remis en piste.

Enfin libres de leur manœuvre, les deux pompiers errent dans le village au gré des brutaux changements de direction que leur impose Khéops. Le berger reste parfois plusieurs secondes à renifler, et revient souvent sur ses pas pour réinspecter un endroit douteux.

— Il sait que la gamine est passée par là, se rend alors compte son maître. Pourvu qu'elle se soit simplement égarée et que personne ne l'ait entraînée de force...

Des gens du cru rapportent aux deux pisteurs quelques nouvelles des autres recherches.

— Ils ne trouvent rien, leur annonce un vieil homme. Une si jolie petite... Elle a pu tomber dans un trou par en dessous du bourg... J'en connais, moi, des trous que tout le monde ignore...

Le maître-chien s'interroge. Ne faut-il pas aller explorer ces trous secrets ? Mais, voyant que Khéops renifle toujours la piste de la petite, il décide de faire encore confiance à son chien.

La traque reprend, de plus en plus usante à mesure que le temps passe. La nuit menace de s'emparer des remparts de Saint-Paul-de-Vence. Les autres équipes reviennent sur leurs pas.

— Nous n'avons rien trouvé, annonce le chef de la première, il va falloir remettre les recherches à demain...

Gendarmes, pompiers et volontaires se regroupent sur la place de Saint-Paul pour faire le point. La mère de la petite disparue est à bout de nerfs.

— Il faut pourtant que nous la lui retrouvions sa petite, se répète Alain Mercier.

L'ordre d'interrompre les recherches jusqu'à l'aube prochaine a été donné, mais le pompier relance une nouvelle fois Khéops.

— Cherche, le chien ! Cherche bien, mon pépère...

Le berger allemand se remet en piste comme s'il ne sentait pas la fatigue. Christian Romagnolo ne peut taire son admiration :

— Il est vraiment formidable ton chien, avoue-t-il à son compagnon au bout d'une demi-heure de recherches vaines dans la pénombre qui a gommé les vieilles pierres de Saint-Paul, on dirait qu'il vient à peine de prendre la piste ! Ça fait pourtant plus de trois heures qu'il travaille...

Alain Mercier est comme son chien, tout à la recherche. Oubliant la douleur de sa cheville, il suit le limier sans penser aux heures qui passent.

– Alain, s'inquiète tout de même son compagnon, il est presque trois heures du matin, il faut nous reposer un peu... Pour nous, mais surtout pour le chien ! Tu ne crois pas qu'il en a assez fait ?

Le maître-chien semble émerger d'un mauvais rêve. Il fixe longtemps une ligne d'arbres qui dansent dans la nuit.

– Tu as raison, se décide-t-il enfin, ça ne sert vraiment plus à rien ce qu'on fait là... Mon Khéops ne veut pas le montrer, mais je suis sûr qu'il n'en peut plus !

Le trio remonte lentement vers les remparts de Saint-Paul. Une fois ramené sur la promenade, Khéops semble soudain se concentrer de nouveau.

– Qu'est-ce qui lui prend, s'inquiète Alain en donnant du mou à sa longue laisse, on dirait qu'il a reniflé une piste... Ce n'est pas possible, il n'y a certainement rien sur ces remparts !

Khéops file tout droit sur les défenses érigées par François Ier, saute sur le rebord des vieilles pierres et, comme le faisaient ses ancêtres les grands loups, il pointe le museau bien droit vers la lune et se met à hurler.

– Bon sang, s'étonne Alain Mercier, il n'a jamais fait ça de sa vie.... Ce n'est pas normal !

Les hurlements du chien rebondissent en écho tout au long des remparts.

– Il va réveiller tout le monde, craint le pompier qui le tient en laisse. Mais, s'il a senti quelque chose, ce n'est pas la mort... Ses cris ont je ne sais quoi de joyeux...

Le chien se découpe bien net dans l'étrange clarté de la lune. Il persiste à lancer aux cieux son chant étrange. Christian Romagnolo est saisi par la magie du spectacle.

— Khéops n'est pas de ce monde, balbutie-t-il, fasciné par le berger en transes.

Les deux hommes s'usent les yeux à fouiller la nuit dans la direction indiquée par le chien statufié sur le rempart.

— Il pointe le nez droit vers le bois qui est là-bas à moins de quatre cents mètres, constate Alain Mercier. Si on allait y faire un tour...

— On est crevés, plaide Romagnolo. Il va faire jour dans quelques heures seulement... Viens, on va reposer le chien !

Khéops retrouve peu à peu son calme. Son maître le flatte comme s'il avait réussi la recherche. Tout va donc pour le mieux pour lui. Il s'endort en oubliant sa faim dans le break rouge garé dans Saint-Paul silencieux.

Un brouhaha tire très tôt Khéops de son sommeil. Les deux pompiers assoupis sur les sièges de la 204 se réveillent eux aussi. Ils ont les traits ravagés.

— Vite, se rend compte le maître-chien, on dirait qu'ils l'ont retrouvée... Garde Khéops !

Et, oubliant tout à fait sa cheville douloureuse, il court vers un véhicule qui se met en marche.

— Une femme vient de nous signaler qu'elle a entendu des cris d'enfant en provenance d'un petit bois, lui annonce le radio des pompiers, ce ne peut être que la petite !

La jeep rouge stoppe. Le maître de Khéops file vers le bois.

— La femme a dit vrai ! se rend-il rapidement compte. Il y a un gosse qui pleure là-dedans.

D'autres sauveteurs approchent du bois résonnant de cris de terreur. Alain Mercier y pénètre le premier.

Blottie au pied d'un arbre, la petite fille aux cheveux courts est là, bottée, vêtue d'un pantalon de velours, encapuchonnée dans un anorak. Il la prend délicatement dans ses bras et la couvre de baisers.

— C'est fini ! Olivia, lui susurre-t-il à l'oreille. Ne pleure plus... Je vais te ramener à ta maman !

Serrant très fort son doux fardeau, Alain Mercier court vers la jeep. La mère de l'enfant est là. La petite la reconnaît, desserre ses bras du cou du pompier, et se jette en hurlant vers la femme qui retrouve enfin le sourire.

Khéops, lui, ne comprend pas ce qui vient de se passer. Son maître lui explique :

— Elle est retrouvée la petite fille, mon pépère ! Elle était en dessous de nous cette nuit... Juste dans la direction que tu nous montrais en hurlant... Je ne peux pas me l'expliquer, mais c'est comme cela.

17

Le mort de Carros

Le destin tout simple de la famille Mercier semble tracé en notes régulières sur la grande partition de la vie. Alain et Marielle voulaient un deuxième enfant? Le nouveau bébé va naître dans quelques jours, en septembre 1983. Ils rêvaient d'acquérir une ruine au col de Castillon? C'est fait depuis quelques mois, et le pompier travaille dur pour délivrer ses vieilles pierres de leur gangue épaisse de ronces et d'herbes folles.

— On n'est certainement pas près de pouvoir vivre ici, se rend-il compte en peinant sur le défrichage, je me demande même comment je vais faire pour remettre un toit sur ce tas de cailloux...

Khéops se grise de liberté au cours des longues séances de travail de son maître. Il refait inlassablement ses gammes de chien de recherche, comme un artiste solitaire et sûr de son art. Puis, délaissant le travail que personne ne lui impose, il décide de jouer et se cache, aboie, se laisse retrouver, se cache encore et poursuit longtemps le rite jusqu'à ce que, vaincu par la fournaise, à demi mort de soif et langue pendante, il aille s'allonger à l'ombre des pierres dégagées par Alain Mercier.

— Bon, l'avertit ce dernier, je passe ma chemise et on va chercher du bois au dépôt de la SNCF...

Le chien quitte à regret son coin de fraîcheur. La montagne résonne de stridulations de sauterelles, pas un oiseau ne vole dans la chaleur écrasante. Au loin, Menton n'est qu'une barre de brume bleutée. Chaque pas est un calvaire pour le chien au pelage constellé de graines sèches et de brins d'herbe. Les tôles de la Volvo, qui commence à donner de sérieux signes de vieillesse, sont chauffées à blanc. Khéops s'affale à sa place habituelle. Il halète en laissant pendre la langue sur le côté. Mercier est pressé de lui donner de l'air en roulant.

— On ramène quelques traverses jusqu'ici, lui promet-il, on fait deux voyages et on rentre retrouver Marielle à la maison... Tu n'as plus que deux heures à souffrir...

Les cheminots de Menton connaissent bien Khéops dont la réputation grandit au fil des missions réussies. Ils abandonnent le travail pour venir le flatter.

— Allez, le chien, lui ordonne son maître, descends de là, il faut faire de la place...

Le berger rendu nonchalant par la lourde chaleur se coule entre des caisses de matériel en attente de chargement.

— C'est bien. Maintenant: pas bouger!

Le limier pose son museau dans l'alignement de ses pattes et s'intéresse au manège des hommes qui aident le pompier à charger les traverses destinées à remplacer les linteaux de la ruine de Castillon.

— Ça suffit, annonce vite Alain Mercier, je vais déjà monter celles-là...

Il engage la Volvo sur la route de la montagne, par le Carei encombré de voitures d'estivants.

— Ça va le chien? s'inquiète-t-il alors qu'il est pris dans un arrêt de circulation. Je ne t'entends pas beaucoup!

Aucun battement de queue ne manifeste de l'intérêt à la question. Le pompier jette un regard vers la minuscule place qu'il a aménagée pour Khéops.

— C'est pas vrai ! gronde-t-il. Je l'ai oublié à la gare...

Le break s'extrait difficilement de la file de véhicules agglomérés et rebrousse chemin dans un concert de klaxons.

— Ça va... Ça va... grommelle Mercier en doublant acrobatiquement une file de voitures, je n'ai pas l'habitude de jouer les chauffards... Mais là, il le faut !

Le pompier se maudit de sa distraction en fouillant du regard la foule des estivants, espérant retrouver dans son flot coloré la silhouette élégante de son chien.

— Le pauvre vieux, pense-t-il en s'efforçant de conserver son calme, pourvu qu'il n'ait pas eu l'idée de filer vers la caserne...

Il klaxonne rageusement et parvient enfin au dépôt de la SNCF.

La Volvo stoppe en traçant un sillon noir dans le bitume fondant du parking. Sa portière claque. Le pompier court là où il avait laissé le chien au « couché... pas bouger ! », et le retrouve bien tranquille entre ses caisses.

— Je t'avais demandé de ne pas bouger, le pépère, lui dit Alain. Et c'est ce que tu as fait !

Un cheminot a saisi le trouble du pompier :

— Eh bé, lui lance-t-il avec l'accent, pour un chien obéissant, celui-là, c'en est un ! Il n'y avait pas moyen de le remuer !

Le dimanche 25 septembre 1983, un ciel sans nuages promet le retour de la canicule dès les premières heures de soleil. Alain Mercier s'est levé tôt. Il a descendu Khéops, a longtemps joué avec lui sous les pins et les acacias nimbés de volées de moucherons, puis il a décidé d'aller travailler un peu sur les murs de la ruine de Castillon.

— Il va faire bien trop chaud pour que je t'emmène là-haut, annonce-t-il à son épouse toute prête à accoucher, je vais juste gratter un peu et je serai de retour pour midi...

Le pompier fait un signe discret à Khéops, le chien saisit

tout de suite l'invite et file vers la porte. Le téléphone sonne. Marielle décroche.

— C'est pour toi, annonce-t-elle en fronçant les sourcils, ça vient du Codis...

Le pompier, qui avait déjà ouvert la porte palière, a compris. Si le Centre de coordination départemental d'incendie et de secours l'appelle un dimanche matin, ce n'est certainement pas pour lui parler du beau temps...

Khéops s'est assis aux pieds de son maître qui écoute le message d'alerte. Il suit de petits mouvements de tête la main qui griffonne les renseignements dispatchés par le standardiste du Codis.

— Tant pis pour notre ruine, lui lance le pompier. On a besoin de nous à Carros... Au-dessus de Nice... Un gars a disparu depuis plus de quarante-huit heures!

Khéops devine la mission qui l'attend au ton grave de son maître. Il saute dans le break orange et, dès que celui-ci est garé tout près de la caserne Forty, se précipite vers la 204 affectée à son travail.

— Au moins, se réjouit Mercier, avec lui on n'a pas de temps à perdre en bavardages inutiles... Il sait tout de suite ce qu'il doit faire!

La Peugeot rouge quitte Menton un peu avant neuf heures. Khéops a reniflé le sac de montagne et tout le matériel nécessaire à une recherche dans l'arrière-pays de Nice, si accidenté. Il est tout joyeux.

— Pourvu qu'il ne soit pas trop tard pour retrouver le bonhomme en vie, espère Mercier. Deux jours: ça fait tout de même un peu long!... Qu'est-ce qui leur a pris de ne donner l'alarme que maintenant?

L'ancien pompier de Paris connaît Carros. Il se dirige vers le centre de secours des pompiers avec qui il a déjà travaillé, lorsque la montagne s'embrase d'incendies au plus fort des étés.

— Il faut aller à la gendarmerie, lui dit-on dès son arrivée au village lové autour de son château. Nous ne savons pas exactement de quoi il retourne...

Les gendarmes sont plus précis que les pompiers :

— C'est un gars de la région qui devait emmener trois amis à un concert de rock vendredi soir, explique l'un d'eux au maître-chien. Il était déjà sur la route quand il s'est aperçu qu'il avait oublié les tickets d'entrée... Comme sa maison est en contrebas de la route, il a arrêté son véhicule et a choisi de retourner chez lui à pied en coupant par le maquis... Ses copains l'ont attendu pendant plus d'une heure et, ne le voyant pas revenir, ils ont pensé qu'il avait changé d'avis... Ils ont donc laissé sa voiture en plan et sont partis à pied jusqu'à la grand-route... C'est tout ce que nous savons... Il a dû faire une fugue !

— Mais non, avance Mercier, ce n'est pas possible ! Voilà un gars qui décide d'aller au concert avec ses copains... Qui oublie ses tickets... Qui file les rechercher chez lui... Et vous voudriez qu'il ait eu l'intention de disparaître ! Moi, à votre place il y a longtemps que j'aurais commencé les recherches...

Un gradé fait la grimace.

— Nous n'avons personne de libre... Tout le monde est sur le circuit d'une course cycliste...

Un groupe de recherche se forme. Quatre gendarmes et quelques pompiers de Carros se dirigent vers l'auto abandonnée.

— J'ai oublié mon poste radio dans la 204, s'aperçoit soudain Mercier. Khéops: va le chercher...

Les pompiers croient à une plaisanterie. L'un d'eux se propose pour aller prendre le petit émetteur-récepteur.

— Non, le retient son homologue de Menton, laissez-le faire...

Les lueurs d'incrédulité se changent en signes d'étonnement lorsque Khéops, tout ondulant de fierté, revient vers son maître en tenant à pleines dents le poste par sa lanière, de manière à ce qu'il ne traîne pas dans la poussière.

Le véhicule du disparu est là, au beau milieu de la mauvaise route où personne ne passe jamais.

— Elle est fermée à clef, râle un gendarme, qu'est-ce qu'on fait ?

— Il n'y a qu'à forcer la portière, conseille le pompier impatient de lancer Khéops à la traque, il faut absolument que mon chien puisse sentir un objet ou un vêtement appartenant au disparu...

Le gendarme en treillis s'exécute et fouille dans le véhicule surchauffé par le soleil presque à son zénith.

— Il n'y a pas de vêtements, annonce-t-il en se redressant, qu'est-ce que vous allez faire ?

Mercier réfléchit une seconde.

— Je vais lui faire sentir le siège du chauffeur. Espérons que c'était bien le gars que nous cherchons qui conduisait...

Khéops ferme parfois les yeux en reniflant le skaï marqué d'usure. Son maître le devine bientôt prêt à prendre la piste.

— Attention, prévient-il, il va filer...

Un pompier de Carros se charge du lourd sac de montagne du Mentonnais. Le chien se met à tirer sur sa longe. Le groupe se met en marche à la queue leu leu derrière Khéops qui parcourt presque à la course les quelques centaines de mètres de route poussiéreuse jusqu'à son cul-de-sac.

— Je comprends mieux pourquoi le gars n'a pas voulu tenter un demi-tour, se rend compte Mercier. C'est vrai qu'il aurait été bien plus long en bagnole...

Khéops ahane en quittant la route pour entraîner les pisteurs sur une sente.

— C'est le chemin que j'aurais suivi à la place du gars, pense Mercier.

Le chien vire sec sur sa droite pour s'engager dans le maquis en empruntant un sentier de chèvres mal tracé. Il stoppe net à une fourche de sentes, colle un peu plus son museau au sol pour humer la terre desséchée.

— Aïe, gronde son maître en demeurant à trois mètres derrière lui, ça fait tout de même près de soixante-douze heures que le gars est passé par là... J'ai bien peur qu'il ne sente plus rien !

Khéops respire par saccades de plus en plus rapides. Puis il retient son souffle pendant quelques secondes, relance la recherche pour emmener les hommes à sa suite vers une barre rocheuse qui surplombe un maigre cours d'eau invisible.

— Cherche, le chien!

Khéops se met à couiner d'une horrible façon. Ses lamentations ne trompent pas son maître qui ressent un pincement au cœur.

— Votre gars est quelque part là-dessous, annonce-t-il d'un ton lugubre, et je suis malheureusement sûr qu'il est mort!

Khéops geint de plus belle. Les gendarmes consultent leur carte.

— Nous allons lancer une autre équipe par le fond de la gorge, annonce leur chef en donnant des ordres par radio, elle va remonter jusqu'à nous au bord du cours d'eau...

Alain Mercier se penche dans le fouillis de végétation qui croule de la barrière rocheuse.

— Tu as fait un peu de varappe? demande-t-il au jeune pompier qui porte son sac.

L'homme acquiesce.

— Bon, prends la corde alpine... Je vais t'assurer et tu vas te laisser couler jusqu'au fond de la ravine... Le bonhomme doit être juste en dessous de mon chien...

Le volontaire s'encorde. Khéops se plaint toujours, le museau tendu vers le vide.

— Allez, vas-y! ordonne son maître après s'être arcbouté solidement.

Le varappeur disparaît dans un froissement de branchages.

Khéops demeure figé à deux mètres de l'à-pic.

— Je vois le fond, hurle soudain l'homme suspendu au bout de la corde, il n'y a rien!

— Cherche encore!

Puis, comprenant la fatigue du jeune Méridional, Mercier lui intime de remonter vers lui.

— Ouf, lâche l'alpiniste improvisé en émergeant du fouillis d'arbrisseaux tors, je n'en peux plus !

Alain Mercier laisse son compagnon reprendre son souffle, et l'interroge :

— Tu es sûr d'avoir bien inspecté le fond ? Mon chien ne peut pas s'être trompé... Le bonhomme est quelque part en bas !

Le sauveteur essoufflé hausse les épaules.

Les bruits de la recherche qui progresse par le fond grandissent. Les commentaires des hommes qui la forment rebondissent jusqu'au groupe ameuté autour du chien. Khéops semble sortir d'un mauvais rêve et ne geint plus que de temps en temps en grattant le sol là où il s'était mis en arrêt.

— Il est là ! hurle soudain une voix énervée qui monte tout droit d'en dessous le marquage de Khéops.

Alain Mercier ferme les yeux.

— Le pauvre gars, gronde-t-il, il est certainement mort... Le chien ne s'est pas trompé !

L'amateur de rock'n'roll avait voulu couper trop court pour aller chercher les tickets oubliés. Ses chaussures de ville ne lui ont pas permis d'échapper à la chute mortelle.

— Viens, Khéops, c'est fini pour nous, souffle Mercier, tu as encore gagné... Mais si l'alerte avait été donnée plus tôt, tu l'aurais peut-être retrouvé vivant...

18

Mission réussie à Peymeinade

Depuis la fin de son stage à Briançon, Alain Mercier a tenu à garder le contact avec François Rostolland qu'il considère comme le seul homme capable de le conseiller utilement dans l'éducation toujours affinée de son chien.

— Je vais lui téléphoner pour lui parler de l'affaire de Carros, se propose-t-il au lendemain de la macabre découverte. Il faut qu'il sache que Khéops a retrouvé une piste après soixante-douze heures...

Rostolland marque un temps d'étonnement au bout du fil :

— Tu prétends qu'il a pris la piste après trois jours ! Ce n'est pas possible...

— Surtout qu'il avait plu au cours de la nuit, renchérit son élève, une petite pluie d'orage accompagnée de vent...

— Il a peut-être bien eu un petit peu de chance dans cette affaire, ton Khéops...

Mercier se renfrogne un peu. Rostolland sent qu'il l'a froissé.

— En tout cas, bravo... Ton chien est bien le champion que j'avais décelé pendant le stage !

L'attente de la naissance du second enfant de Marielle distrait Alain de ses problèmes de dressage. Une petite fille naît le mercredi 28 septembre 1983.

— Nous l'appellerons Julie, comme prévu, dit Alain en rentrant de la clinique de l'Hermitage pour raconter l'événement à Khéops.

La vie de la famille agrandie s'écoule tranquillement au rythme des gardes du pompier, des travaux de dégagement de la ruine de Castillon, et de l'entraînement permanent de Khéops. Le chien s'impose de nouveaux rites protecteurs. Il se réveille souvent la nuit, va passer avec précaution le museau contre les visages endormis des petites filles, pour s'assurer qu'elles dorment bien.

Lors des promenades du bord de mer, Khéops marche encore plus fièrement près de ses maîtres depuis que le deuxième bébé est là.

— Regarde-le, s'émerveille son maître, il se prend vraiment pour le chef de famille...

Alain Mercier s'apprête à passer une soirée tranquille en famille. Mais le téléphone sonne un peu après dix-huit heures. Marielle décroche. Son visage reflète l'inquiétude qui vient la hanter à chaque alerte. Son mari a tout de suite compris. Il s'empare d'un geste brusque du combiné.

— Où ça ? questionne-t-il. A Peymeinade... C'est dans la région de Grasse... OK ! On y va...

Marielle ne pose pas de questions inutiles pendant que son mari se met en tenue de campagne, bottes de parachutiste, treillis de toile et parka doublé.

Khéops a compris l'imminence du départ. Il oublie la faim qui commence à le tarauder.

— Tant pis, lui annonce son maître, tu mangeras après le boulot... Tu seras bien plus léger sur la piste... Et tu ne risqueras pas de te retourner l'estomac...

Le pompier file prendre ses ordres à la caserne Forty et se

retrouve vite sur l'autoroute de Nice. Khéops est assis, œil vif, gueule entrouverte en signe de contentement. Pour lui le départ en traque est toujours un vrai bonheur. Il ne pense pas à son plaisir propre, mais à celui de son maître qu'il tient à étonner à tout prix pour lui arracher les caresses de remerciement qu'il sait si bien donner.

Alain Mercier arrête son véhicule devant un groupe d'hommes en treillis. Les présentations sont rapides.

— Bon, commence à expliquer le sous-lieutenant Molinez, patron des pompiers de Peymeinade, nous avons à rechercher un chasseur qui a disparu avec son fusil depuis pas mal de temps déjà...

— Il est peut-être resté en guet dans le massif...

— Non, ce n'est pas son genre... Les gens de sa famille ont précisé qu'il était très dépressif. Ils craignent le pire...

Le pompier de Menton ne laisse pas paraître sa contrariété :

— Décidément, pense-t-il, nous n'avons pas de chance... On va encore retrouver un cadavre...

Les explications du sous-lieutenant s'achèvent. Le groupe de recherche se dirige vers l'endroit où le chasseur a abandonné sa voiture. Un pompier sort une veste de chasse du véhicule.

— J'espère au moins qu'elle appartient au gars que nous allons rechercher, fait remarquer Mercier avant de la faire sentir à Khéops. Sinon mon chien pourrait très bien nous ramener au bourg, chez le propriétaire du vêtement...

Le berger a vite pris l'air tendu des débuts de traque. Il n'a pas besoin de humer longuement la veste de grosse toile.

— Là, au moins, il y a de l'odeur ! se réjouit son maître. Si c'est la sienne tu vas tout de suite marquer la piste...

Le pompier ne se trompe pas. Nez dans la poussière, Khéops file en direction du maquis tout proche.

— Je connais tous les trucs des chasseurs de par chez nous, avertit alors un sapeur de Peymeinade, si vous voulez, je vais marcher avec vous...

Le Mentonnais accepte le renfort. Les deux hommes sont presque obligés de courir tellement le berger est pressé de retrouver le disparu. Ils zigzaguent pendant un bon quart d'heure en éventrant des touffes de bruyère sous des chênes maigres et des boqueteaux de pins.

— Il nous fait un tracé impeccable, reconnaît le maître-chien, regardez comme il est sûr de lui !

— Il est pire qu'un de nos chiens de chasse, reconnaît admiratif l'homme de Peymeinade, et pourtant par ici il y en a de rudement bons !

La colonne lancée à la suite du limier insensible aux branches qui le fouettent approche bientôt du bord d'une falaise.

— Vous avez raison, avance bientôt le pompier de Peymeinade, votre chien a suivi le bon chemin... Je connais très bien le gars que nous cherchons. Je chasse souvent avec lui et nous venons de passer un à un tous nos postes de guet.

Il fait maintenant nuit noire. Khéops s'énerve un peu plus. La falaise se brise net au-dessus d'une clairière tapissée d'un épais roncier. Khéops stoppe brusquement, et comme il l'avait fait lors de la recherche de Carros, se met à gémir d'un ton qui ne trompe pas son maître.

— Votre chasseur est en dessous de nous, annonce-t-il d'une voix lugubre au sous-lieutenant Molinez qui est venu aux nouvelles. Il est mort...

Les pompiers ne parlent plus. Ils connaissent tous le disparu, leurs visages salis de poussière mêlée à la sueur se font durs dans les halos de leurs lampes-torches.

Le sous-lieutenant se risque à l'extrémité du rocher.

— Il faut descendre, ordonne-t-il. On va ratisser le fouillis de ronces...

La fouille serrée est peuplée de jurons. Les pompiers trébuchent dans le noir et se rattrapent de justesse à des branches qui craquent sous leur poids. Les pinceaux de leurs lampes percent difficilement l'épaisseur du roncier.

— Pour moi, se dit Alain en aidant Khéops à sortir des

transses de la recherche, si le gars a voulu se suicider, c'est ici qu'il s'est tiré un coup de fusil et il est tombé tout droit dans les éboulis... C'est vraiment curieux qu'ils ne retrouvent rien...

Il est presque minuit. Les recherches demeurent vaines.

Les pompiers en sueur s'extraient du magma du maquis.

— Vous pouvez rentrer à Menton, dit leur chef à Mercier. Nous recommencerons à chercher à l'aube en partant de là où nous venons d'échouer... Je vous avertirai du résultat... Merci !

Le téléphone sonne très tôt chez les Mercier au matin du 23 novembre 1983. Alain reconnaît la voix du capitaine Veillon.

— Votre chien a bien travaillé, les pompiers de Peymeinade ont retrouvé le chasseur juste en dessous de l'endroit où il vous avait signalé sa présence... Naturellement, le bonhomme était mort... Il s'est tiré une volée de chevrotines en pleine tête !

Le maître-chien repose le combiné d'un geste las.

— Mon pauvre pépère, annonce-t-il à voix très basse à Khéops qui l'épiait en espérant certainement repartir au travail, tu as eu malheureusement raison ! Ton instinct est bon...

Mal à l'aise après cette annonce macabre, le pompier ne sait par quel bout prendre sa journée de repos. Il décide de ranger les papiers concernant Khéops. Son regard tombe sur une lettre datée du 2 mai dernier.

— Tiens, s'étonne-t-il, je ne l'ai pas jetée, celle-là... J'aurais pourtant bien dû !

Le texte officiel lui avait appris que la Société canine pour l'amélioration des races de chiens en France avait refusé la confirmation de Khéops.

— Nous avons le regret de vous informer, relit-il, que la confirmation de votre berger allemand a été refusée pour le motif suivant : « Le rein est long et voussé, le dos roule, les allures sont limitées, le poil est long. »...

Toujours ulcéré, Alain referme brusquement le dossier pour aller caresser Khéops.

— J'aimerais bien, lui chuchote-t-il à l'oreille, que ces messieurs de Paris te voient travailler et retrouver toutes les personnes disparues... Ils ne te considéreraient certainement pas comme indigne de faire souche... D'ailleurs, il faudrait penser à te dénicher une jolie petite copine au beau poil long... J'aimerais bien avoir un beau petit de toi... Deux petites filles ! Deux chiens ! Le bonheur...

19

Khéops chez le prince Rainier

Alain Mercier est en train de faire travailler le chien d'un de ses amis au col de Castillon.

— Dis donc, Alain, lui lance le maître du jeune berger, qu'il flatte en remerciement du bon travail accompli derrière l'église en ruine, est-ce que ça te dirait que Khéops travaille pour le prince Rainier ?

— Qu'est-ce que c'est que cette histoire ? Et qu'irions-nous faire à Monte-Carlo ?

— Empêcher les terroristes de faire tout péter pendant l'Open de tennis... Les attentats sont à la mode depuis quelque temps, tu ne le sais pas ?

Alain Mercier ne vit que pour sa famille et pour son chien, il ne suit que de très loin les aléas de l'actualité, mais connaît tout de même la menace qui pèse sur l'Occident.

— Oui, bien sûr, admet-il, je sais même que des chiens, ceux de Rostolland en particulier, sont capables de détecter facilement des explosifs, mais pas Khéops...

— Ça ne te coûte rien d'entrer en contact avec les gens du Sporting. Tu pourrais toujours écouter ce qu'ils ont à te proposer... Non ?

Le maître-chien accepte. Son ami parle de lui et de Khéops à la secrétaire de François Trucchi, l'un des patrons de l'Open de Monte-Carlo. La jeune femme vient à Menton pour rencontrer le maître et le chien.

— Alors, demande-t-elle une fois installée sur le canapé des Mercier, le voilà donc le fameux Khéops ?

Le chien est tout confiant puisque son maître a laissé entrer l'inconnue dans la maison. Il la renifle, comme pour faire connaissance, puis retourne s'allonger sur la terrasse.

— Fameux, relève son maître, c'est peut-être un peu présomptueux... Mais c'est bien lui en tout cas !

La collaboratrice de François Trucchi entre dans le vif du sujet.

— Nous recherchons, explique-t-elle, des hommes et des chiens capables de retrouver des bombes que des terroristes pourraient avoir cachées dans les gradins et les locaux du Sporting... La menace est réelle, vous savez !

— Ecoutez, avoue très franchement Alain Mercier, je pourrais vous bluffer en vous affirmant que Khéops est à même de détecter des bombes... Et vous n'y verriez que du feu puisqu'il retrouverait facilement devant vous tous les paquets que j'aurais cachés dans vos gradins... En fait, ce n'est pas de l'explosif qu'il rechercherait, mais des objets imprégnés d'une odeur familière... Et cela juste pour me faire plaisir !

— Mais, demande la jeune femme, est-ce que vous pourriez me faire une petite démonstration de son talent ?

— D'accord, accepte de bonne grâce le maître-chien, mais ça ne vous prouvera rien de plus que ce que je viens de vous expliquer...

Khéops sent bien qu'on parle de lui car il n'a pas cessé d'épier la conversation depuis qu'il s'est allongé au soleil. Il bondit au geste d'appel de son maître, pressé d'obéir.

— Pas bouger ! s'entend-il ordonner.

Le pompier lui fait renifler un dixième de seconde une boîte d'allumettes, va la cacher sous un lit, ferme la porte de la chambre des petites filles en prenant bien soin de ne pas enclencher le pêne de la serrure dans sa gâche, et prend tout son temps pour revenir dans le salon où Khéops demeure statufié.

— Cherche, le chien ! ordonne-t-il ensuite en regrettant de contraindre l'animal à s'abaisser à des jeux si faciles.

Khéops met moins de dix secondes pour rapporter les allumettes à son maître.

— Et avec moi, s'inquiète la secrétaire du Sporting, est-ce qu'il réagirait aussi bien ?

Le pompier accepte de jouer le jeu.

— Mon pauvre pépère, se dit-il in petto, qu'est-ce que je ne t'aurai pas demandé de faire dans ta bonne vie de chien...

La jeune femme dissimule à son tour la boîte d'allumettes sous un meuble de la sombre entrée de l'appartement. Khéops la lui ramène aussitôt. Il semble même vouloir l'éblouir, puisqu'il attend devant elle la suite du jeu.

— Il a vraiment envie de travailler, reconnaît alors son maître, si vous voulez, nous allons descendre dans le parc... Et là, vous vous rendrez mieux compte de quoi il est capable !

Le trio est vite dehors.

— Je vais faire comme s'il participait à une fouille de parking, annonce Alain, regardez-le bien...

Le pompier fait sentir son portefeuille pendant une seconde à Khéops, lui ordonne de rester sur place, puis va cacher l'objet dans le pare-chocs avant de sa vieille 504 qui pourrit tout doucement sous les arbres du fond du parking, juste en dessous du repaire des chats à demi sauvages.

— Allez, annonce-t-il ensuite en entraînant le chien vers la voiture et l'obligeant à cheminer tout contre sa jambe, montre à la dame comme tu sais bien fouiller les voitures...

Khéops, museau collé contre la tôle, fait le tour de la Peugeot en reniflant chacune de ses portières, son coffre et ses roues. Il s'immobilise en jappant joyeusement devant le coin de pare-chocs qui recèle le portefeuille.

— Bravo, s'exclame la jeune femme, vous voyez bien qu'il pourrait retrouver n'importe quoi dans les parkings du Sporting !

— Oui, bien sûr, Khéops retrouvera toujours les objets que nous lui cacherons... Et cela de nuit comme de jour et pendant des heures s'il le faut. Mais pour ce qui est de l'explosif, il faudrait que je puisse l'éduquer pendant quelques jours avant qu'il ne devienne opérationnel...

— Venez nous voir à Monte-Carlo, vous parlerez de ce qui peut être fait avec M. Trucchi... D'accord?

Le pompier entrevoit la possibilité de parfaire l'éducation de Khéops. Il accepte et rencontre le directeur des courts du Sporting.

François Trucchi a dans les quarante ans, sa mise est de bon goût, sans ostentation. Le contact entre les deux hommes est franc et direct.

— Bon, attaque l'homme du Sporting, vous savez ce qui nous manque ici: des chiens capables de retrouver des explosifs... Et nous en aurons rapidement besoin, puisque l'Open se déroule dans moins de deux mois maintenant!

— Pour ce qui est de mon chien, reprend Mercier, je ne peux rien vous promettre pour l'instant. Mais je connais quelqu'un de très sérieux qui a deux chiens dressés sur les explosifs... Si François Rostolland, mon maître de Briançon, accepte de venir travailler pour vous, nous aurons le temps de motiver mon berger avant l'ouverture du tournoi... Cela vous ferait donc trois chiens opérationnels et ce serait suffisant.

François Rostolland descend à Menton.

— Je vais te confier un peu d'explosif, annonce-t-il à son ami. Fais-le travailler dur, ton Khéops, car la surveillance du Sporting commence le 11 avril, la veille de l'ouverture du tournoi...

— Tu es tout de même un as, annonce Alain à Khéops. Tu vas gagner en une semaine de quoi te nourrir toute une année... Chapeau, mon vieux! J'aimerais bien pouvoir en faire autant!

Khéops se pénètre vite de ses nouvelles fonctions. L'étrange odeur douce-amère des explosifs lui est rapidement familière. Il sait que son maître est heureux lorsqu'elle trahit la présence d'un petit paquet. Il retrouve donc en un temps record les colis faussement piégés que le pompier dépose dans les poubelles de sa résidence, sous les pierres de la ruine de Castillon, maintenant tout à fait libérée du maquis, et même à la caserne Forty.

Le tournoi attire comme chaque année la fine fleur du tennis mondial. Des agents de la sécurité princière accueillent Mercier et Rostolland avec circonspection.

– Nous aimerions bien voir vos chiens au travail, lui demande Yves Jalera, un responsable de la Sûreté monégasque, avant que le tournoi ne soit commencé, est-ce que c'est possible ?

François Rostolland, accompagné de Lesko, un berger allemand de près de dix ans, et de Dick, son berger des Pyrénées, choisit de bien marquer le coup. Il dissimule un peu d'explosif dans un bac à fleurs de la loge du prince Rainier.

– Viens, Alain, commande-t-il ensuite, on y va... Il ne s'agit pas de se planter, car cette fois c'est un exercice en grandeur réelle !

Les hommes du prince suivent le duo à peu de distance. Rostolland et Mercier ne font travailler que Khéops et Lesko. Les deux bergers se connaissent bien, et comme Khéops montre juste ce qu'il faut de déférence au chien d'âge, ils se complètent à merveille.

Le vent chante dans les gradins vides et les halètements des chiens rythment seuls leur avance à pas comptés.

– Cette fois, se rend compte Alain Mercier, François n'a pas fait dans la dentelle... Si on se plante on est bons pour la porte !

L'inquiétude du pompier ne dure pas. Les abois très secs de Khéops et Lesko résonnent à ses oreilles.

– Et voilà, annonce Rostolland sans élever la voix, vous avez vu ?

L'homme de la Sûreté soupèse machinalement le petit pain de plastic qui aurait suffi à tuer le prince et ses invités. Il hoche la tête d'un air grave.

— Je dois vous avouer, dit-il, que je n'aurais jamais cru que c'était possible...

Alain Mercier et Khéops sont au Sporting à sept heures du matin. Le maître-chien est en baskets, jean et léger blouson de toile blanche.

— Bien entendu, lui rappelle Rostolland, il ne faut dire à personne que nous avons été engagés pour chercher des bombes... Cela risquerait de semer la pagaille... Maintenant, nous allons commencer par fouiller les gradins. Tu prends par un bout et moi par l'autre... On passe tout au peigne fin, et on revient chacun sur les rangées inspectées par l'autre...

Mercier s'éloigne dans les travées métalliques aux places numérotées. Khéops est aussi grave qu'en recherche de disparu. Il avance museau au sol pour rechercher la petite odeur presque sucrée qui lui trotte dans le nez depuis trois semaines déjà. Mais les gradins et les loges princières ne recèlent pas de pièges.

— Tiens, remarque son maître en attaquant le parcours déjà traité par Dick et Rostolland, ça commence à bouger...

Les guichetiers, des juges de ligne et leurs ramasseurs de balles, des vendeurs de programmes, des policiers en tenue et en civil, quelques gendarmes français puisque l'Open se déroule sur la commune de Roquebrune, des marchands de glaces se faufilent vers leurs emplacements. Des vigiles aux visages grisés de barbe les croisent en quittant leur veille de la nuit. Certains traînent des chiens étiques et nonchalants.

— Les pauvres bêtes, ne peut s'empêcher de remarquer Mercier en interrompant pendant quelques secondes son inspection pour les suivre du regard, à part deux ou trois, ils ne sont pas jolis du tout... J'aurais honte de traiter Khéops comme ça !

Un tout petit bout de chien déjà très sérieux. (DR)

Le grand ami de la famille Mercier, avec Frédéric, Julie et Jessica. (DR)

« Je n'aurais jamais cru qu'un chien pouvait grandir si vite... » (DR)

« Moi aussi, je veux me faire pousser ! » (DR)

Khéops est devenu un formidable acrobate. (DR)

Khéops et son maître ne craignent pas le vide ! (DR)

« C'est tout de même encombrant ce fourbi ! » (DR)

Khéops apprend le métier de sauveteur en décombres. (DR)

« N'est-il pas beau mon acrobate ? » (DR)

Communion parfaite dans la montagne. (DR)

« C'est dur de fouiller
les trous !
Mais on s'y fait... » (DR)

« Cherche, le chien ! »
(DR)

La terre a tremblé
au Mexique. (DR)

« Nous partons au secours des Mexicains ! » (DR)

Dans l'enfer des décombres. (DR)

« Il est beau mon fils... non ? » (DR)

Khéops se refait
une santé
aux sports d'hiver. (DR)

« Alors, on y va…
oui ou non ? »
Le père et le fils
partent en mission. (DR)

En route vers
l'espoir. (DR)

Jeudi 28 Avril 88 Nice Matin

On cherche un chirurgien pour le berger allemand Keops

Keops, un magnifique berger allemand âgé de cinq ans, qui appartient au Centre de secours et d'intervention des sapeurs-pompiers de Menton, ne va pas bien. Son état est même jugé critique par les vétérinaires en raison de déficiences rénales.

Seule, une transplantation peut le sauver. Sans une greffe rénale rapide, Keops, qui a participé aux recherches à Mexico où il a sauvé de nombreuses vies humaines à la suite du tremblement de terre de 1985, va mourir.

Les pompiers ont trouvé un chien de la même race, âgé de deux ans, qui peut lui offrir un rein sans danger pour sa propre survie. Seulement voilà : les vétérinaires ne peuvent pas se lancer dans cette intervention lourde qui nécessite de gros moyens et un plateau technique de pointe.

Les pompiers, amis de Keops, lancent donc un appel afin de trouver un chirurgien et une équipe médicale capables de sauver le superbe berger allemand.

S'adresser au maître chien des pompiers de Nice, téléphone 93.37.72.12.

C'est ce petit article de Nice-Matin *qui a tout déclenché… (DR)*

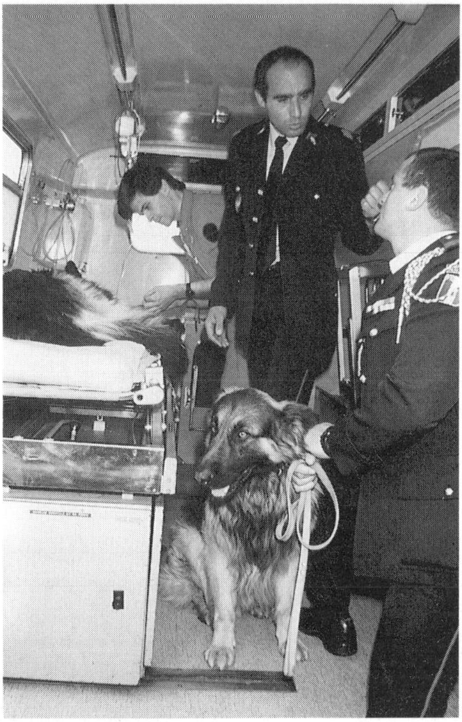

Dans l'ambulance des pompiers de l'Essonne, Khéphren veille sur son père. (DR)

Le professeur Cottard en interview. « Je suis confiant ! » (photo Anne Graviloff)

La première mondiale a réussi ! Khéphren n'a plus qu'un rein… Son père est sauvé… (DR)

Alain Mercier remercie l'équipe du professeur Cottard. (Photo Anne Graviloff)

En route pour la retraite... (Photo Anne Graviloff)

« Toute la presse parle de mon Khéops... mais j'aimerais mieux qu'il soit inconnu et toujours là ! » (DR)

Les chiens ne reniflent rien de suspect dans les gradins.

— On va fouiller les vestiaires des joueurs, annonce alors Rostolland, et puis après nous irons traîner un peu au hasard quand les premiers spectateurs arriveront...

L'odorat bien exercé de Lesko, qui sert habituellement dans la police, ne détecte rien non plus dans les locaux qui ne sentent pas encore la sueur et l'embrocation. Alain Mercier et Khéops poussent le souci du détail jusqu'à inspecter les douches où les tennismen délasseront tout à l'heure leurs muscles noués par l'effort.

Le tournoi commence. Les deux maîtres-chien passent leur temps aux aguets sous les travées déjà noires de spectateurs. Ils ne s'intéressent pas aux services canons, aux retours et aux volées des premiers matches qui soulèvent au-dessus d'eux l'enthousiasme des amateurs. Les applaudissements et les exclamations ne troublent pas Khéops. Le chien ne pense qu'à faire plaisir à son maître qu'il trouve particulièrement tendu.

— Il ne faudrait pas se laisser prendre au spectacle quand ça chauffe comme ça, hein le chien, lui fait remarquer Alain après une ovation du public encore plus forte que les précédentes. Si j'étais un terroriste, c'est de ces moments-là que je profiterais...

Le maître de Lesko rejoint le pompier :

— Tout va bien?

Mercier acquiesce.

— Bon, plus personne ne va bouger maintenant que la partie est bien engagée, avance le CRS, on va en profiter pour retourner rôder dans les vestiaires...

Les locaux réservés aux joueurs sont maintenant bruyants. Alain Mercier se laisse aller à épier les champions en essayant de mettre des noms sur leurs visages sculptés par l'effort. De formidables aboiements l'arrachent soudain à sa curiosité.

— C'est Lesko, reconnaît-il en entraînant Khéops vers l'endroit d'où monte le vacarme, il a certainement senti quelque chose de louche!

Le chien de François Rostolland s'est planté devant une porte de vestiaire. Il se dresse de temps en temps sur ses pattes de derrière pour en griffer les interstices. Des préposés accourent au vacarme.

— Qu'est-ce qui lui prend à votre chien, interroge l'un d'eux qui semble trouver incongrue la réaction du vieux berger, vous ne pourriez pas le faire taire ?

Rostolland laisse Lesko agir comme il l'entend.

— Il y a quelque chose de pas net dans cette armoire, prévient-il, il faut l'ouvrir tout de suite !

— Mais voyons, vous n'y pensez pas, plaide l'employé du Sporting en changeant de couleur, c'est le vestiaire de....

Alain Mercier cueille au hasard le nom d'une star du tennis pendant que Lesko accepte de se calmer un peu, tout en demeurant en arrêt devant la porte close. D'autres membres du service d'ordre ont été attirés par le vacarme, trois d'entre eux, visiblement des responsables, se retirent à quelques mètres des maîtres-chien pour parlementer.

— Est-ce qu'il faut vraiment ouvrir ce vestiaire ? vient ensuite s'enquérir l'un d'eux. Vous savez à qui il est, au moins ?

Rostolland fait la moue pour prouver que la personnalité du joueur ne l'impressionne pas.

— Oui, il vaudrait mieux, lâche-t-il. Du moins si vous tenez à ce que nous fassions correctement notre travail !

Les Monégasques reprennent leurs palabres. Alain Mercier laisse Khéops flairer à son tour l'armoire douteuse.

— Il ne marque pas, s'étonne-t-il, il n'y a donc pas d'explosifs là-dedans... C'est tout de même curieux que Lesko réagisse aussi franchement !

L'arrivée d'un fonctionnaire de la Sûreté met fin aux discussions. L'homme entraîne les maîtres-chien à l'écart.

— Je peux vous assurer qu'il n'y a sûrement aucune matière explosive dans ce vestiaire... Il n'existe qu'une seule clé pour l'ouvrir et c'est le joueur qui la garde... Vous pouvez donc laisser tomber : nous nous occupons de tout, ne vous en faites pas !

Le maître de Lesko donne le signal du départ :

— Il n'y a certainement pas d'explosif dans le vestiaire du champion, murmure-t-il à l'adresse d'Alain Mercier, mais il y aurait là-dedans un peu de drogue que cela ne m'étonnerait pas du tout... Lesko est bien trop habitué à chercher cette saloperie pour avoir marqué pour rien !

La matinée s'achève sans nouvelle alerte, et les matches de l'après-midi commencent avec encore plus de spectateurs.

— Nous ramenons les chiens aux voitures, décide le CRS de Briançon au bout d'une heure de ronde, et nous allons nous poster tout en haut des tribunes pour voir si personne ne se lève en abandonnant un sac...

Khéops et Lesko se détendent après avoir lapé de l'eau fraîche.

— Attention à ne pas te faire prendre par les caméras de télé, conseille Rostolland en regagnant les courts.

Alain Mercier sait où ont été embusquées les caméras. Il n'a aucune difficulté à éviter leur curiosité. Un homme à la mine sombre rejoint les deux guetteurs.

— Nous venons de recevoir un coup de téléphone anonyme, annonce-t-il à François Rostolland. On nous promet qu'une bombe va bientôt sauter dans les gradins... Venez : ça a l'air sérieux !

Les deux maîtres-chien suivent l'homme jusqu'au PC de la Sûreté monégasque.

— Voilà l'enregistrement, avertit le manipulateur d'un magnétophone sophistiqué, écoutez bien...

« On vient de nous appeler il y a moins d'une minute, annonce une voix pressée... Quelqu'un qui a vite raccroché prétend avoir posé une bombe... C'est tout ! »

François Rostolland et son compagnon s'attendaient à entendre la voix d'un terroriste.

— La personne qui nous menace semble bien au courant

de nos dispositifs de sécurité, leur précise un homme de la Sûreté. Elle est passée par le standard d'un palace qui nous a relayé son appel... C'est bien joué, mais cela ne nous facilite pas la tâche...

L'état-major de sécurité discute longtemps de la conduite à suivre. Ses chefs hésitent à faire évacuer le court pour le fouiller une nouvelle fois de fond en comble.

— Je peux vous garantir, leur précise très calmement François Rostolland, que nos chiens n'ont pas laissé dix centimètres carrés sans y avoir passé le nez... Et nous n'avons vu personne s'esquiver des gradins... C'est donc très certainement une fausse alerte !

Les maîtres-chien reprennent la veille avec encore plus de soin pendant que des policiers se mêlent discrètement à la foule.

— Il n'y a rien qui risque de sauter, vient rendre compte François Rostolland au bout de deux heures de quête incessante des deux chiens, vous avez eu affaire à un farceur...

— L'homme a encore rappelé, lui précise-t-on, et cette fois il s'est fait relayer par la réception du Casino... Nous sommes de plus en plus persuadés que nous avons affaire à quelqu'un qui a travaillé dans nos services de sécurité les années précédentes... Il n'a pas posé de bombes mais désire se venger de sa mise à l'écart...

20

Le disparu de Sainte-Agnès

Les tumultes et les mondanités de l'Open sont vite oubliés. Khéops a repris ses habitudes de chien de sauvetage en décombres. Il refait sans cesse ses gammes et vit comme son maître dans l'attente des alertes.

— Il y a encore du travail pour vous, s'entend annoncer ce dernier au matin du mercredi 5 décembre, alors qu'il vient de prendre son service à la caserne Forty, il y a un gars à rechercher du côté de Sainte-Agnès...

Le matériel de montagne est vite extrait de son réduit. Khéops a tout de suite compris la signification du mouvement. Il saute dans la Peugeot sans que son maître ait eu besoin de le lui ordonner.

Sainte-Agnès est un joli village accroché sous une haute falaise de calcaire, à quelques kilomètres au nord-ouest de Menton. Alain Mercier conduit vite pendant que Khéops se laisse tranquillement balancer au rythme des virages bien négociés.

— Tu n'as pas mal au cœur ? s'inquiète son maître. Nous y sommes presque...

Il y a du monde sur la place du village aux ruelles pavées de galets inégaux.

— Je vais aux nouvelles, annonce Alain, et je viens te chercher...

Khéops suit du regard les déplacements de son maître au milieu d'un groupe de curieux et de gendarmes. Il se recouche lorsque Alain disparaît avec les gens du village vers une esplanade d'où le regard se perd jusqu'à la baie de Menton.

— L'homme que vous devez rechercher a l'habitude de rester des semaines entières dans la montagne, s'entend expliquer le pompier. Mais cette fois, sa mère et son frère commencent à s'inquiéter...

Une femme au visage ravagé par l'angoisse, la cinquantaine toute menue, vient se mêler aux hommes en discussion.

— Je suis sa mère, annonce-t-elle, mon fils est parti depuis plus de quinze jours... Je venais déposer de temps en temps de la nourriture dans sa voiture qui est garée sur la place... là-bas... Mais je me fais du mauvais sang : je me suis aperçue avant-hier en venant le ravitailler qu'il n'avait pas touché à ma dernière livraison. J'ai peur qu'il lui soit arrivé un malheur !

Alain Mercier se fait conduire jusqu'au véhicule abandonné.

— Regardez, insiste la femme, il n'a rien touché...

Des fruits, des charcuteries et du pain jonchent le siège avant du véhicule. Le pompier repère une veste dans le fouillis.

— Donnez-la-moi, demande-t-il à la mère du disparu, je vais la faire sentir à mon chien...

Khéops s'ébroue en sortant du break. Il hume l'un après l'autre les gens qui cernent son maître, puis se concentre sur le vêtement du disparu.

— Vous savez, précise encore la femme marquée par l'inquiétude, chaque fois qu'il quitte notre appartement de Monaco c'est pour venir par ici... Il me parle souvent de ses découvertes qui le passionnent tant... Il connaît des dizaines de grottes.

— Est-ce qu'il vous a parlé d'un endroit précis où il aurait pu avoir envie de revenir ?

Le visage de la femme se ferme un peu plus.

— Oui, murmure-t-elle au bout de quelques secondes d'intense réflexion, maintenant je me souviens... Il m'a récemment parlé d'une grotte qu'il avait retrouvée et dans laquelle il venait jouer avec son frère quand ils étaient enfants... Elle n'est certainement pas loin de Sainte-Agnès !

Le pompier se tourne vers les villageois qui écoutent, l'air grave, les supputations de la Mentonnaise.

— Est-ce que quelqu'un d'entre vous connaîtrait cette grotte ?

Un vieil homme en béret, moustache pointue et nez busqué, se hasarde à parler :

— Ma foi, oui, chevrote-t-il en tendant une main parcheminée en direction des barres rocheuses qui naissent aux portes du village, on parlait souvent dans le temps d'une cachette qui aurait servi aux contrebandiers, puis aux gens du maquis... Mais personne n'a vraiment jamais su où elle se trouvait !

— Bon, décide alors le maître-chien, on va tout de même tâcher de la retrouver...

La recherche s'engage au hasard puisque Khéops ne marque aucune piste.

— Il ne faut pas vous faire trop d'illusions, madame, confie son maître à la femme qui le suit de près et semble avoir placé tous ses espoirs dans le limier. Avec les pluies et les orages de ces derniers jours, cela m'étonnerait qu'il réussisse à retrouver l'odeur de votre fils.

— Je m'en doute bien, admet d'une voix résignée la dame qui trottine, mal assurée, sur les cailloux de la mauvaise piste qui mène au sud de Sainte-Agnès, c'est pour cela que les gendarmes qui étaient venus hier et avant-hier n'ont pas, eux, sorti leur chien.

La petite colonne chemine de plus en plus difficilement au travers d'un maquis de chardons, de lentisques et de petits chênes kermès tout rabougris par l'hiver. Khéops donne le maximum de lui-même, mais se retourne souvent vers son maître comme pour quémander un peu d'aide.

— Cherche, le chien! l'encourage Alain en fouillant du regard les parois abruptes des falaises. Tu dois le retrouver...

La mère du disparu inspecte elle aussi le moindre à-pic, mais rien de particulier n'attire son attention. Puis, alors que le maquis s'épaissit, elle se décide à crier pour appeler son fils. Ses cris ricochent sur les dalles du massif de Sainte-Agnès. Ils mettent Alain Mercier mal à l'aise. Khéops se met soudain à tirer très fort sur sa longe.

— Il a enfin trouvé des traces d'odeur, se réjouit son maître en se laissant entraîner à sa suite, sacré bonhomme!

La mère du randonneur solitaire ne peut plus suivre le rythme. Elle se laisse distancer par les sauveteurs qui se coulent en file indienne sous la végétation.

— Un homme est sûrement passé par ici, lance Alain Mercier aux gendarmes, regardez, le chien marque de plus en plus net!

Khéops s'arrête au pied d'une falaise et se met à aboyer très fort.

— Cette fois, c'est sûr, reconnaît son maître, il ne ment pas... Nous allons certainement trouver quelque chose dans le coin!

Les gendarmes fouinent en vain pendant quelques minutes autour du point signalé avec tant d'insistance par Khéops qui ne cesse pas ses aboiements triomphants.

— C'est bien, le chien, tente de le calmer le pompier en treillis bleu, je sais bien que tu ne bluffes pas... Ne t'en fais pas, on va le retrouver...

Un cri perce l'épaisseur du taillis dans lequel a disparu un gendarme. Mercier se coule à son tour dans la pénombre derrière Khéops qui progresse ventre au sol, arrière-train enfoncé entre ses cuisses en saillie et la queue de plus en plus tendue à mesure que se précisent, seulement pour lui, les effluves d'odeur humaine qui l'avaient alerté.

— Il y a une entrée de grotte, annonce bientôt le premier gendarme, il est peut-être par ici !

La mère du disparu a rejoint le groupe énervé par la découverte. Son visage rayonne d'espoir lorsque Alain Mercier sort de l'ombre pour lui tendre une casserole et un réchaud de campeur.

— C'est à mon fils, triomphe-t-elle en s'emparant des ustensiles, je les reconnais... Il est donc par ici !

La fouille s'énerve.

— L'entrée de la grotte a visiblement été bouchée de l'extérieur, se rend compte Alain Mercier qui a libéré son chien.

L'ouverture est dégagée, Khéops s'y coule en geignant et disparaît aux trois quarts.

— Au pied, lui ordonne alors son maître, qui craint de le voir tomber dans un gouffre, pas bouger !

Le limier s'immobilise pendant que les hommes braquent leurs lampes-torches dans le vide.

— On ne distingue rien au fond, annonce l'un d'eux au bout d'une minute d'examen, il n'est pas là... Ou alors c'est qu'il est mort dans une encoignure...

Khéops se remet à marquer en trépignant et aboyant.

— Je descends, annonce alors Alain en déroulant la corde alpine qu'il a sortie de son break, il faut en avoir le cœur net !

Un gendarme suit le pompier dans son exploration. Les deux hommes ne retrouvent que quelques traces de pas dans la grotte très étroite.

— Khéops a raison, se rend compte le pompier, le gars a séjourné ici...

Les deux hommes s'extraient difficilement du piège.

— Il est sans doute descendu là-dedans pour se mettre à l'abri des orages, avance Alain Mercier en se libérant de sa corde, et il a dû poursuivre ses explorations plus loin dès que le beau temps est revenu.

Khéops manifeste toujours de l'intérêt pour les environs immédiats du trou vide. Son maître et les gendarmes l'épient.

— Il n'y a pourtant pas d'autre entrée, fait remarquer un sauveteur qui ne comprend pas la réaction du chien, nous avons tout passé au peigne fin...

Un message radio provenant du PC de l'opération met fin aux hésitations.

— Des gens ont signalé la présence de votre fils vers les Villettes, annonce un gendarme à la mère du disparu, qu'en pensez-vous ?

— C'est bien possible qu'il soit par là-bas, accepte la femme, il avait coutume d'y traîner souvent... Allez-y, je vous attendrai à Sainte-Agnès...

La traque se déplace de quelques centaines de mètres. Khéops renifle sans émoi des dizaines et des dizaines de mètres de maquis.

— Il n'y a sûrement rien par ici, se rend vite compte Alain Mercier, il faut revenir à la grotte...

La colonne de volontaires et de gendarmes parcourt à pas pressés le même chemin qu'au début des recherches. Khéops se remet à couiner en arrivant près de la première falaise.

— Ce n'est pas Dieu possible, s'énerve son maître en le laissant chercher, il ne fait tout de même pas ça pour se rendre intéressant ! Le gars est certainement dans le coin...

Mercier remonte vers Sainte-Agnès, s'encorde au-dessus des gendarmes, et inspecte en rappel l'arête rocheuse.

— Je n'ai rien vu, avoue-t-il tout essoufflé une fois parvenu près de ses compagnons et en rappelant sa corde alpine qui s'abat près de lui en sifflant. S'il y a une entrée sur cette paroi, elle doit être diablement étroite...

Khéops poursuit ses manifestations de marquage. La fin du jour est imminente.

— Nous reprendrons les recherches demain, s'entend dire la mère du disparu, nous allons demander le renfort de nos collègues spécialistes de la haute montagne... Avec eux tout ira bien, vous verrez...

— Je l'espère, lâche la femme aux nerfs brisés en caressant doucement Khéops.

— Allons, viens, le pépère, décide son maître, laisse la dame... Elle a autre chose à faire qu'à s'occuper de toi!

— Vous reviendrez demain? s'inquiète la femme aux gestes doux, j'ai vraiment confiance en votre chien...

Mercier ne sait pas s'il sera disponible puisque sa liberté d'action dépend de ses missions de soldat du feu. Il promet tout de même de revenir.

— Mais, précise-t-il, si par malheur nous ne pouvions pas être là, faites recommencer les recherches en dessous de la falaise, là où mon chien a retrouvé le matériel de votre fils...

La femme aux traits défaits a retrouvé un peu d'espérance lorsque l'homme et le chien remontent dans la Peugeot rouge.

Il y a trop de travail en ville pour que Khéops et son maître remontent à Sainte-Agnès au matin du mardi 4 décembre.

Les nouvelles espérées n'arrivent pas. Le maître-chien a tellement à faire tout au long de ses vingt-quatre heures de service qu'il en oublie le disparu de Sainte-Agnès. Il ouvre machinalement son journal en rentrant chez lui le 5 décembre.

— Ça alors, sursaute-t-il, Khéops, écoute un peu...

Et, mi-amusé, mi-offusqué, il lit un titre de la une du quotidien:

— Prisonnier depuis huit jours de la grotte qu'il voulait explorer à Sainte-Agnès... Un campeur est sauvé par le flair du chien des gendarmes!

Feuilletant le journal, il découvre avec stupeur la suite de l'article :

« On a retrouvé, hier, le disparu dans une cheminée de dix mètres de profondeur... »

Alain Mercier dévore les phrases courtes qui narrent le déroulement du sauvetage.

— D'après eux, conclut-il, ce serait le chien des gendarmes, qui aurait reniflé l'entrée de la grotte dans laquelle les gars venus en renfort ont retrouvé à bout de forces le fils de la brave dame...

Ulcéré plus pour le chien que pour lui-même, Alain parcourt une nouvelle fois l'article.

— Il n'y a pas de doute, Khéops, d'après le journal, tu n'as jamais mis les pattes à Sainte-Agnès !

Le chien n'a cure des injustices. Il préfère descendre se promener.

Quelques jours passent. Alain Mercier, toujours aussi pudique, n'a parlé à personne du disparu de Sainte-Agnès qui avait cassé son échelle de corde et ne pouvait plus remonter de la cheminée dans laquelle il s'était coulé. Il a oublié sa rancœur lorsque son chef de corps le convoque dans son bureau de la caserne Forty, une bonne semaine après la traque de Sainte-Agnès.

— Tenez, annonce le capitaine en lui tendant une longue lettre manuscrite, je crois que ceci va vous intéresser...

Le maître-chien s'empare des feuillets. La lettre, écrite par la mère du disparu et destinée au capitaine Veillon, tend à remettre les choses au point en ce qui concerne les mérites de Khéops :

« Le chien des gendarmes n'était pas là... lit Mercier. Tout le mérite revient à ce magnifique Khéops... Mon second fils, Alain, s'est souvenu que la grotte avait une deuxième entrée, située à six mètres en dessous de la première... Je doute que nous ayons pu le retrouver sans Khéops ! Merci... »

Tout heureux pour son chien, le pompier abrège la lecture de la lettre et la rend au capitaine Veillon.

— Vous pouvez la photocopier, lui conseille ce dernier, cela vous fera un beau souvenir...

— Dommage que mon pépère ne puisse pas la lire, regrette-t-il en rangeant le document parmi les papiers de santé de Khéops. Il verrait que la vérité finit toujours par s'imposer...

21

Retour à Monte-Carlo

Les policiers de la Sûreté monégasque n'ont pas oublié Khéops. Son maître entretient en effet des relations suivies avec le patron de leur brigade de démineurs, Marcel Mozzone, qui ne passe pas inaperçu avec ses rondeurs musclées, son franc-parler et ses mains larges comme des battoirs.

— J'aimerais bien avoir un chien qui puisse travailler comme le vôtre, avait demandé le colosse au pompier, est-ce que vous pourriez vous charger de me l'acheter ?

— Pas de problème, avait accepté Mercier, mais je vous conseillerais plutôt d'en prendre un à poil ras, ils sont mieux vus par les professionnels.

Le Monégasque avait maintenu son désir d'avoir un chien à poil long et Alain Mercier s'était mis en quête pour satisfaire son nouvel ami.

Les choses se passent très vite dans le petit monde des maîtres-chien. Quelques coups de téléphone avaient suffi pour dénicher l'oiseau rare. Mercier s'était rendu dans le Var pour rencontrer l'animal que lui avait signalé un de ses correspondants. Il avait découvert un chien d'un an et demi, encore marqué par un de ces abandons imbéciles qui se pratiquent au moment des départs en vacances et qui décuplent la population des refuges de la SPA.

— Cette bête sera apte au travail lorsqu'elle aura retrouvé sa confiance, avait-il alors annoncé à Marcel Mozzone, si vous la voulez, je crois qu'elle vous donnera entière satisfaction...

Le chien avait vite repris du tonus, s'était mis à travailler sans trahir la confiance du pompier, et Khéops est devenu son ami.

— C'est un bon chien, le copain de Monaco, fait remarquer Alain à Khéops au retour d'une séance d'éducation rondement menée, il finira par travailler aussi bien que toi, du moins en ce qui concerne la recherche des explosifs...

Marcel Mozzone téléphone à Menton peu après l'affaire de Sainte-Agnès.

— N'oubliez pas que nous comptons sur vous pour le Festival du cirque...

Alain Mercier ne réfléchit pas longtemps.

— Si François Rostolland est toujours d'accord, moi je suis partant!

L'affaire est vite conclue. Dick, Lesko et leur copain Khéops fouillent les rangées de sièges d'un chapiteau dressé sur l'esplanade de Fontvieille, tout près du nouveau stade de football de la principauté, à l'ouest du rocher des Princes, là où il n'y avait que de l'eau encore tout récemment.

— On fait comme pour l'Open, avertit le maître de Briançon il y aura moins de monde, mais les choses ne seront pas plus faciles pour ça...

Les chiens reniflent chaque roulotte d'artistes, passent inlassablement dans le moindre recoin du chapiteau, inspectent longuement ses machineries et, surtout, rôdent près du long mobile-home qui sert de loge au prince Rainier. Bientôt,la foule se presse aux guichets pendant que les têtes connues se dirigent tout droit vers la porte du chapiteau.

— Pourvu que tout se passe bien, espère Alain Mercier lorsque éclatent les flonflons d'un des derniers orchestres de cirque réuni pour l'occasion. Tout ce gratin forme une cible de choix!

Les numéros se succèdent à un bon rythme sans que rien vienne troubler l'harmonie du spectacle. Puis la foule ravie s'écoule lentement vers la ville illuminée. Le prince Rainier accorde quelques minutes d'entretien aux artistes, les lumières du chapiteau s'éteignent, seules les ombres des gens de la sécurité patrouillent entre les roulottes d'où filtrent des lambeaux de musique. Les maîtres-chien ont fini leur travail.

— C'est tout de même dur d'être obligé de veiller à la sécurité des spectateurs quand il y a de si belles choses à voir, regrette le maître de Khéops en remontant dans son break. Même toi, le chien, tu aurais bien aimé voir le spectacle...

Le travail se poursuit les autres jours avec la même rigueur.

— Pas question de se laisser aller sous prétexte qu'il ne se passe rien, précise François Rostolland en faisant renifler un bâton de dynamite à ses chiens pour les motiver encore un peu plus, c'est toujours quand on se relâche que les choses se gâtent...

Mercier passe aussi de l'explosif sous le museau de son berger au poil bien lissé.

— Surtout qu'aujourd'hui, c'est la proclamation des résultats du festival... Il y aura encore plus de beau monde !

L'entracte arrive sans ennuis. Un envoyé de Marcel Mozzone rejoint alors les maîtres-chien.

— On vous demande à la loge princière, dit l'inconnu dont le blazer impeccable dissimule mal l'épaisseur de ses muscles, venez tout de suite...

— Vas-y, dit Rostolland, et emmène Khéops...

La luxueuse fausse roulotte résonne de voix animées. Le silence se fait lorsque l'homme et le chien y pénètrent.

— C'est surtout Khéops qu'ils regardent, constate Alain amusé.

— On nous a dit le plus grand bien de votre berger allemand, lui annonce un homme en smoking, nous serions très heureux de le voir travailler...

Indifférent au luxe qui règne dans la roulotte fleurie de bouquets, Khéops renifle les bas de pantalon des invités du prince.

— Doucement, lui chuchote son maître, tu n'as pas l'air de savoir où tu as mis les pattes !

Le chien s'assied, tranquille, aux pieds de son ami.

— Oui, poursuit l'homme qui avait pris la parole, nous avons caché de l'explosif et nous voulons savoir si votre chien va le retrouver...

Le silence s'empare du mobile-home dans lequel flotte une odeur de cigare. Les inconnus font place au couple qu'ils ont décidé de tester. Alain Mercier inspecte une nouvelle fois le luxe de la roulotte puis, se penchant vers Khéops :

— Cherche, le chien... Cherche !

Le berger considère les hommes qui l'entourent, interroge son maître du regard pour voir s'il ne se moque pas de lui et, enfin assuré qu'il faut se mettre au travail, il colle son museau au sol couvert d'une épaisse moquette.

— Cherche !

Khéops se coule entre les jambes serrées des spectateurs pour gagner le fond de la roulotte.

La relative exiguïté du lieu ne permet pas à Mercier de travailler à la laisse. Khéops est donc seul maître de sa recherche. Il va et vient au ras des meubles, toujours reniflant. Sa queue bat à un rythme lent, comme s'il retenait ses mouvements.

Alain devine que des dizaines de senteurs imperceptibles à l'homme flottent dans la roulotte, mais que son limier les capte à coup sûr. Il craint que les parfums de femmes, les odeurs de whisky ou les arômes de tabac empêchent Khéops de venir à bout de l'épreuve.

— Ça va être dur, se rend-il compte en épiant les réactions du chien, il n'a peut-être jamais rien tenté d'aussi difficile !

Devenu étranger aux hommes, le berger redouble ses efforts pour démêler du bouquet d'arômes celui qui le mènera à l'explosif. Il délaisse des tiroirs, ne passe même pas le museau sous des tentures, bouscule sans s'en rendre compte deux des spectateurs.

— Cette fois, c'est raté, pense Mercier, lorsque Khéops a passé en revue tous les meubles de la roulotte.

Le chien poursuit son manège. Alain Mercier surprend un homme de la Sûreté en train de jeter un coup d'œil à sa montre.

— Le prince ne va pas tarder à arriver, craint-il, c'est perdu !

Khéops ne s'avoue pas battu. Il repasse une seconde fois près d'une banquette de style bateau, puis une troisième, souffle très fort contre la porte bien close d'un placard, et se met soudain à aboyer joyeusement.

— Il a réussi ! jubile Alain qui avait presque accepté la défaite.

Quelques applaudissements crépitent dans la roulotte après qu'un officiel a ouvert le meuble pour en extraire la barre d'explosif qu'il y avait déposée bien avant l'arrivée de Khéops.

— Du calme, pense Mercier en remerciant le chien d'une caresse peut-être encore plus douce que toutes celles qu'il lui avait prodiguées auparavant, le cirque, c'est à côté !

Et, ignorant les congratulations des inconnus, il entraîne le champion sous les étoiles pour le caresser encore et le détendre.

Le Festival du cirque s'achève sans qu'aucun terroriste ait voulu, ou pu, se risquer à tenter quoi que ce soit contre la famille du prince Rainier et ses invités.

— Vous serez à nouveau des nôtres pour le prochain

Open, annonce Marcel Mozzone aux maîtres-chien lorsque le chapiteau a été démonté et que les échos de flonflons sont déjà oubliés. Et puis après, il y aura le Grand Prix automobile... Ça vous ira aussi ?

Mercier et Rostolland acceptent les rendez-vous d'avril et de mai.

— Khéops se sent maintenant presque chez lui à Monte-Carlo, avoue Alain à son vétérinaire. Il y gagne bien sa vie, le bonhomme... Il n'est pas près de manquer de Pal en tout cas.

Khéops oublie vite toutes les festivités en participant avec quelques autres chiens à un exercice mené de main de maître par Patrick Villardy dans les garrigues de l'arrière-pays.

Le jovial Brutus a aménagé avec soin un hameau en ruine pour le transformer en parcours de recherche de victimes prises sous des éboulements. Le résultat est à l'échelle de sa formidable dépense d'énergie. Tout est parfait dans le décor désolé.

Les quatre maîtres-chien qui sont venus participer à l'entraînement en conditions réelles se présentent tour à tour au début du parcours. Leurs chiens, vite motivés, se coulent sous les décombres. Des aboiements saluent chaque découverte d'un pompier qui a accepté de jouer la victime. Les trois bergers de Villardy se jouent des difficultés inventées par leur maître.

— A toi, annonce ce dernier à Mercier qui n'a pas perdu une miette du travail parfait de Pacha, Satan et Fick, tu peux lâcher ton Khéops !

Le berger à poil long retrouve sans peine les trois victimes qu'il avait à rechercher dans les temps impartis par le règlement des stages les plus durs. En transes, le chien pénètre dans une zone d'ombre. Mercier le suit de très près et découvre un mur.

— Allez : saute !

Khéops se détend pour sauter sans effort apparent les trois mètres du mur. Son maître le rappelle sans résultat.

— Allons bon, se dit Alain, voilà qu'il recommence ses farces... Je vais jouer le jeu !

Il patiente sous les voûtes d'une sorte d'atelier désaffecté et encombré de poutrelles.

— Où est-il allé ? s'inquiète-t-il, au bout de deux minutes d'attente. Il devrait tout de même se manifester...

— Qu'est-ce qui se passe ? demande Patrick Villardy venu aux nouvelles.

— Il a trouvé toutes les victimes sans problème, lui annonce Mercier de plus en plus inquiet, j'ai voulu lui faire sauter le mur qui est là... Il l'a fait. Et il a disparu ! Qu'est-ce qu'il y a de l'autre côté ?

Le colosse tatoué fait la grimace.

— Je n'en sais rien, avoue-t-il, je n'ai pas travaillé le parcours jusque-là... Viens, on va voir !

Les deux hommes franchissent à leur tour le mur, et ne trouvent devant eux qu'une entrée de cave béante.

— Aïe, gronde Mercier, il est tombé là-dedans et il s'est certainement cassé quelque chose...

Les deux pompiers essaient de distinguer la forme du chien dans le noir.

— On ne peut rien voir sans lampe-torche, crie Alain. Il faut descendre au fond !

Fou d'inquiétude, il se risque au-dessus de l'inconnu.

— Attends, le retient le costaud de Nice, voilà Khéops !

Le berger revient dans le dos des pompiers en marchant sans se presser.

— Il a même l'air de se moquer de nous, se rend compte Alain en bondissant à sa rencontre pour s'assurer qu'il ne s'est rien cassé à la réception du formidable bond.

— Il n'a rien, se réjouit-il très vite, c'est un miracle...

Les deux maîtres-chien se demandent comment Khéops a bien pu s'extraire de la cave aux murs visiblement lisses.

— Viens, décide Villardy, on va voir en dessous !

Les deux hommes n'ont aucun mal à se couler dans la cave qui leur apparaît bien moins sombre vue d'en bas. Ils passent sous la grande pièce dans laquelle ils se trouvaient, découvrent une échelle de meunier dressée sous une petite ouverture.

— Voilà par où il est sorti, le Khéops, avance son maître en agrippant l'échelle vermoulue. C'est tout de même un sacré numéro d'acrobate !

Villardy fronce les sourcils en considérant la hauteur du piège.

— Sans l'échelle, conclut-il, il ne serait pas remonté à l'air libre... Et il aurait continué à s'enfoncer dans le souterrain...

— Tu vois, Patrick, fait remarquer Alain au colosse, ça aura tout de même servi à quelque chose que je l'habitue à grimper aux échelles de la caserne... Je n'avais pas tort de le forcer à vaincre sa peur du vide...

Khéops est félicité comme s'il venait de réussir un exploit.

— Tu aurais pu te faire très mal, reconnaît Mercier en inspectant une nouvelle fois les pattes intactes, et c'est ma faute... La prochaine fois que je voudrai te voir sauter un mur aussi haut, je m'assurerai de ce qui se trouve de l'autre côté... Tu ne m'en veux pas, au moins ?

22

Les fiançailles de Khéops

Des liens de plus en plus étroits s'établissent entre Alain Mercier et les autres spécialistes du dressage qui vivent sur la Côte d'Azur. Les succès répétés de Khéops sont pour beaucoup dans la popularité grandissante de son maître, qui a participé à plusieurs émissions de radio et de télévision grâce à Roland Sclippa, un producteur ami de longue date de François Rostolland, passionné lui aussi par tout ce qui touche au sauvetage.

Alain Mercier avait pris contact avec Sclippa par téléphone, et c'est avec surprise qu'il avait rencontré ensuite un jeune homme tassé dans un fauteuil roulant. Ses cheveux châtains et un peu bouclés, son sourire radieux et son regard gris-bleu semblaient avoir accaparé toute la force manquant à son corps d'infirme.

Michel Kramer, le standardiste vétérinaire de Monte-Carlo, fait tout naturellement partie de la grande famille des hommes à chiens de sauvetage avec Henri Audiffren, Serge Mignotty, le gendarme de Roquebrune, Patrick Villardy, et Daniel Imbert, l'aide-moniteur de Briançon. L'émulation règne dans le groupe, chacun épiant chez les autres les petits trucs du métier.

— On s'aime bien, reconnaît Alain Mercier en parlant du

dressage avec son vétérinaire monégasque, mais on ne se fait pas de cadeaux pour autant... Grâce à cette émulation, les chiens n'en seront que meilleurs...

— En tout cas, conclut Weill après l'examen de Khéops, vous ne devez pas avoir grand-chose à lui reprocher, au vôtre.

— Non, il est parfait ! Il travaille de mieux en mieux... Je pense même à lui présenter une chienne que j'ai repérée au-dessus de Menton.

— Vous avez raison, si la chienne est bien choisie vous aurez des chiots magnifiques.

— Je suis en train d'étudier son caractère... Elle est très belle. Je vous ramènerai Khéops au moment des amours pour voir si rien ne cloche !

L'Open de Monte-Carlo débute le lundi 1er avril 1985. Sa protection a été renforcée pour éviter des attentats comme celui qui a ravagé, le 23 février, le grand magasin Marks & Spencer, en plein cœur de Paris. Les équipes de sécurité ont été étoffées, Rostolland et Mercier travaillent avec encore plus de soin que d'habitude. Rien ne vient troubler la grande fête du tennis, qui s'achève par la victoire du Tchèque Yvan Lendl sur le Suédois Mats Wilander.

— On s'en tire bien, reconnaît Mercier en installant son chien dans un break Volvo blanc que lui prête Michel Kramer, nous n'avons eu qu'à ramasser quelques sacs oubliés dans les tribunes...

La sécurité monégasque s'assure encore les services des chiens pour le Grand Prix de formule 1 qui se déroule le dimanche 20 mai. Khéops ne se préoccupe pas du vacarme des pur-sang mécaniques qui se déchaînent au cours des séances d'essai.

Alain Mercier fend la foule pour pénétrer dans le parking des journalistes venus du monde entier. Devant lui, François Rostolland franchit sans peine le barrage de sécurité en exhibant le brassard de police que lui a confié Marcel Mozzone. Khéops est muselé. Il se faufile entre les policiers et les vigiles en tirant un peu sur sa laisse pour rejoindre Lesko et Dick.

Un homme porteur d'un badge de sécurité prend soudain Mercier par le bras :

— Où allez-vous ?

— Moi ? Au parking du centre de presse.

Trois cerbères l'entourent alors, mines fermées.

— Vous avez un laissez-passer ? Vous êtes journaliste ?

Mercier cherche des yeux François Rostolland qui disparaît dans la foule. Il distingue la haute stature du chef de la Sûreté.

— Marcel, le hèle-t-il, on ne veut pas me laisser passer !

Khéops commence à s'énerver.

— Pas bouger ! lui ordonne son maître. N'ajoute pas à la pagaille...

Le chien se fige. Marcel Mozzone revient sur ses pas en écartant la foule de ses grands bras, et montre sa carte de police.

— Vous ne voyez pas qu'il a un brassard ? dit-il en dévisageant ses gardes.

Un vigile parle pour les autres :

— Ben, balbutie-t-il, mal à l'aise, oui, mais il est basané...

Mercier a rejoint François Rostolland qui a commencé à inspecter les voitures aux immatriculations étrangères. Mercier le rejoint.

— Tu vois, confie-t-il à Khéops, quand la saison est aux bombes en Europe, il ne fait pas bon avoir le teint mat... Ils nous auraient bien embarqués si Marcel n'était pas venu à la rescousse ! Et comme je n'ai pas mes papiers sur moi, tu vois le travail...

Les vrombissements des bolides sont vite devenus naturels pour les chiens. Plus rien ne les intéresse que les limousines à inspecter.

— Je suis certain que personne n'a osé fouiller les porteurs de cartes de presse, indique François Rostolland, nos chiens, c'est la dernière chance de découvrir la bombe qu'on nous promet par téléphone...

Khéops passe le museau contre les voitures sans jamais se laisser distraire. Lesko se met soudain à aboyer contre le coffre d'un véhicule italien.

— Il marque bien, commente Alain Mercier, il y a sûrement de l'explosif dans cette bagnole!

Le parking est désert. Personne ne risque de donner prématurément l'alarme.

— Il ne faut surtout pas créer de panique sur le circuit, avance le CRS, il a peut-être senti autre chose qu'une bombe... Appelle les officiels par radio!

Mercier utilise sa VHS. Une voix grésillante lui répond, comme irréelle.

— Une petite alerte au parking, annonce-t-il, sans bien sûr parler de bombe, un de nos chiens a reniflé quelque chose...

Marcel Mozzone accourt le premier.

— Vous pensez que c'est grave? demande-t-il à Rostolland qui calme son chien.

— Si Lesko réagit comme ça, c'est qu'il y a du louche dans ce coffre!

Le propriétaire de la voiture suspecte est identifié.

— C'est un journaliste italien, annonce un policier. Il assiste aux essais... Il se trouve certainement vers le Casino, de l'autre côté du circuit...

— Ça va être dur de le prévenir, grommelle Marcel Mozzone, et encore moins facile de lui faire traverser la piste... Envoyez quelqu'un le chercher.

Les officiels qui entouraient la voiture suspecte s'éloignent un peu plus à mesure que passent les minutes.

— Il faut tout de même prendre une décision, s'impatiente Rostolland, la seule façon de savoir s'il y a de l'explosif dans ce coffre, c'est de l'ouvrir... Il n'y a qu'à le forcer!

Mozzone grimace.

— Et s'il n'y a rien, le journaliste aura raison de faire du raffut...

Il n'y a presque plus personne autour de la voiture. Mercier s'amuse du comportement des agents de sécurité qui ont prétendu avoir quelque chose à faire ailleurs. Puis un homme arrive au pas de course. Il brandit un trousseau de clés.

— Enfin, souffle Rostolland, ce n'est pas trop tôt!

Essoufflé, le journaliste donne les clés au CRS et recule. Il ne reste plus auprès de la voiture que Marcel Mozzone, Rostolland et Mercier. Lesko et Khéops dressent toujours le museau vers le coffre.

— Allez, décide le CRS, je l'ouvre!

La porte du coffre se soulève mollement.

— On dirait qu'il n'y a rien de louche, avance Rostolland après avoir palpé quelques vêtements.

Lesko trépigne en jappant.

— Brave chien, se réjouit Mercier, ça va te récompenser si tu trouves quelque chose...

Le maître-chien se relève en brandissant une cartouchière de chasse. Lesko aboie de plus belle, et Khéops l'imite.

— Il n'y a qu'une seule cartouche, annonce Rostolland.

Rassurés, les témoins de la fouille se regroupent. Le journaliste referme son coffre et, se tournant vers les maîtres-chien, il lâche en un français très écorché:

— Nous sommes bien protégés avec des chiens comme les vôtres... Je n'en reviens pas... Ce berger a réussi à détecter une seule cartouche de chasse dans tout ce parking... C'est ahurissant!

Pressé de reprendre son travail d'observateur, l'Italien file vers le circuit.

— Chapeau, Lesko! apprécie Mercier lorsque le calme est revenu dans le parking. C'est tout de même un sacré limier pour avoir trouvé la cartouche dans tout ce fouillis d'odeurs de moteurs...

Le prestige des deux maîtres-chien sort encore grandi de l'incident. Le Grand Prix se court le lendemain sans nouvelles alertes. C'est Alain Prost qui le gagne pour la seconde fois consécutive. Alain Mercier le voit de loin, tout petit dans sa combinaison rouge frappée de badges publicitaires et qui brandit une coupe entre la princesse Caroline et son frère Albert.

La routine du service reprend après le Grand Prix de Monaco. Le printemps est somptueux sur la Côte. Alain Mercier et Khéops partent l'apprécier chacun à leur façon au col de Castillon.

— Elle a tout de même de la gueule notre ruine, tu ne trouves pas, Khéops?

Murs remontés, linteaux remis en place, chambranles prêts à accueillir portes et fenêtres, l'ancien tas de cailloux se dresse sous le soleil.

— Ce n'est pas fini, soupire Mercier, il faudra poser le toit avant la fin de l'été!

Khéops aime cet endroit où il joue à travailler depuis son arrivée dans la famille Mercier. Il le prouve en courant tout joyeux vers la ruine dès qu'il a sauté du break.

— Il est temps de tenir une autre promesse, se décide son maître lorsque le chien a disparu dans la maison. La chienne de Castellar sera bientôt prête, d'après ce que m'a dit son propriétaire... On va passer la voir en rentrant...

Khéops veut travailler. Mercier n'y tient pas. Le chien insiste. Ses mimiques enlèvent la décision.

— D'accord, mais juste un petit peu... Il ne faut pas que tu sois fatigué pour aller faire ta cour!

Le berger travaille son parcours habituel d'équilibre sur les murs de la future maison, puis il file rechercher des objets que lui dissimule son maître dans le maquis et dans l'église morte.

— Allez, décide Alain au bout de deux heures de

gammes proches de la perfection, ça suffit ! Je vais te faire beau pour aller à Castellar...

Le futur fiancé se laisse passer l'étrille dans les poils de son jabot piqueté de brindilles.

— Voilà, apprécie Alain lorsque plus rien ne souille son ami, on y va !

Castellar est haut perché au sud-est de Castillon, à moins de cinq kilomètres à vol d'oiseau, mais Alain Mercier est obligé de redescendre jusqu'à Menton pour y remonter ensuite par de traîtres lacets.

— Je vais téléphoner à Jacques Albin, annonce-t-il une fois parvenu au bas de la montagne, il faut tout de même que je le prévienne de ton arrivée... C'est le fils du maire, ton futur beau-père...

Le soleil est loin à l'ouest lorsque le break atteint les vieilles ruelles de Castellar. Le village est bâti à quelques centaines de mètres de l'Italie. Albin, un homme à la quarantaine sèche, brun, est au rendez-vous avec sa jolie chienne.

Sardane, la promise, ne paraît pas très sociable. Elle commence par gronder, et montre les dents dès que Khéops l'approche en gonflant son jabot de feu.

— Laissons-les faire connaissance, propose le pompier, éloignons-nous un peu...

La chienne est à peine plus petite que Khéops. Elle se rapetisse encore en le fuyant. Puis elle se redresse après s'être laissé rattraper. Elle penche la tête de côté pour le défier. Elle ne gronde plus. L'émail de ses dents ne luit plus aux bords de son museau bien droit. Elle se laisse frôler par le poil du mâle. Puis elle refile à la course.

Des passants s'amusent du manège très pur.

— Qu'est-ce qu'ils sont beaux, ne peut s'empêcher de chantonner l'un d'eux.

Khéops réussit à rattraper la chienne. Elle lui montre encore les dents, une nouvelle fois sans gronder, puis elle le mordille sévèrement. Le mâle recule, tout étonné.

— Tu as l'air malin, ironise son maître qu'il interrogeait d'un regard penaud, il faut y aller plus franchement si tu veux lui plaire !

Le berger reprend les assauts courtois. La chienne le mordille de moins en moins fort puis, changeant tout à fait de comportement, elle se met à son tour à poursuivre le mâle pataud. Elle lui bourre les flancs de coups de nez, se sauve en dérapant, revient le harceler encore, puis reprend la fuite.

Khéops est à bout de souffle. Sa langue flotte de côté quand il change brusquement de direction pour rejoindre la chienne qui a autant de mal que lui à respirer. Sardane se laisse tomber au sol, pattes bien allongées et torse amolli.

— On dirait qu'elle est conquise, se rengorge Alain Mercier.

Khéops approche doucement de la femelle. Il est bientôt au-dessus d'elle. Sardane, tout alanguie fait mine de ne pas le voir. Il se risque à donner un timide coup de langue derrière son oreille, puis il la lèche franchement en remuant la queue.

— Ça y est, constate joyeusement Mercier, ils sont fiancés !

Le fils du maire et le pompier prennent un pastis à la terrasse du café des Alpes. La mer et les sommets italiens sont encore ensoleillés. Le mont Agel, à l'ouest, est déjà sombre. Les chiens prennent un peu de répit, allongés l'un contre l'autre dos à dos. Puis Khéops redonne le signal de la cour. Les courses folles reprennent.

— Bon, décide enfin le Mentonnais d'adoption en se levant à contrecœur, il faut penser à redescendre chez nous... Prévenez-moi dès que la fiancée sera prête...

23

Le drame

Khéops a oublié Sardane. Il est comme tous les chiens, il ne pense à l'amour que lorsque les chiennes l'appellent. Il est alors capable de deviner une femelle en chasse à près de trois kilomètres. Sardane vit trop loin dans la montagne.

Le fils du maire de Castellar téléphone un matin à Alain Mercier :

— Elle est prête... Vous pouvez venir quand vous voudrez...

Le rendez-vous est pris sur-le-champ. Khéops monte dans le break en croyant partir pour Castillon.

— Si tu savais où nous allons, s'amuse Mercier, tu serais moins calme...

La Volvo s'arrête un peu avant le village, devant la villa des Albin. Le pompier n'a pas le temps de descendre de la voiture que le berger a déjà senti la femelle en chaleur. Khéops couine d'impatience.

— Oh, le retient son maître, doucement... Elle ne va pas s'en aller !

Jacques Albin vient à la rencontre du chien énervé. Sardane le suit, d'abord tranquille, puis difficile à tenir à la vue du mâle.

— Eh bien, avertit alors son maître, je crois que tout va se passer très vite... Laissons-les faire !

Khéops bondit à la suite de sa fiancée qui fait mine de fuir. Il la rattrape facilement puisque cette dérobade fait partie du rituel amoureux. Il renifle son cou et son arrière-train en remuant la queue. La chienne s'évade. Il la rejoint encore. Elle s'aplatit, ventre effleurant la poussière tiède du chemin.

— C'est la première fois, confie Alain Mercier, on dirait qu'il ne sait pas trop ce qu'il veut, mon Khéops...

Les chiens amoureux se font maintenant face, derrière levé et museau allongé au ras du sol entre leurs pattes. Ils se relèvent dans un ensemble parfait pour sautiller une ronde nuptiale. Le ballet noir et feu dure quelques minutes. La chienne creuse ensuite son dos pour relever son arrière-train et, après avoir placé le panache de sa queue de côté, elle provoque le soupirant.

Les deux hommes se taisent, un peu mal à l'aise. Khéops laisse repartir sa fiancée. Puis il la calme de quelques coups de langue. Elle se fige alors, passive. Il la chevauche en l'enserrant de ses pattes de devant, et la prend.

— Ça y est, commente simplement Jacques Albin en détournant la tête comme s'il craignait de gêner les amoureux, tout s'est bien passé...

Le coït ne dure pas longtemps. Khéops accélère les mouvements mécaniques de ses reins. Puis il s'abat contre la chienne et, dégageant sa prise de pattes, il se retrouve collé à sa conquête.

— Tu as l'air malin, ironise Alain Mercier en s'amusant de l'air penaud de son compagnon.

Le nouage dure presque un quart d'heure. Les deux chiens se séparent et, sans un regard d'intérêt mutuel, ils vont chacun de leur côté pour se lécher tranquillement.

Cinq petits chiots naissent à terme et sans histoires à Castellar.

— Tout juste soixante jours, se rend compte Alain Mercier après avoir appris l'heureuse nouvelle, mon Khéops et sa copine sont réglés comme des métronomes...

Marielle accepte d'aller voir la portée de petites boules de poil.

— On pourrait peut-être en garder un, hasarde Alain, ils sont si beaux... Tu ne trouves pas?

Jessica ne peut détacher son regard des nounours qui piaillent sous le ventre de leur mère. Elle quémande aussi l'adoption de l'un d'entre eux.

— Bon, se rend très vite sa maman, on en prend un...

Le choix est arrêté sur une femelle. Fidèles à leur passion de l'Egypte ancienne, les Mercier lui donnent le nom de Khéphren, le pharaon qui a succédé à Khéops.

— Nous irons la chercher quand elle aura un mois, annonce Alain en rentrant à Menton. Pourvu que Khéops l'accepte...

Les chiots de Castellar sont sevrés. La petite Khéphren fait son entrée dans l'appartement de la résidence Azur-Parc. Elle a des retenues de princesse. Elle renifle tous les meubles en trébuchant sur ses pattes mal assurées, et se plante bien droite devant Khéops.

— Attention, prévient alors Alain Mercier, c'est là que tout va se décider!

Le grand chien se ride en contemplant la boule de poil qui le nargue. Il recule de quelques centimètres pour mieux la considérer. La chienne jappe légèrement en risquant un saut de puce vers l'abri tentant de son ventre. Khéops ne gronde pas. Il regarde ses maîtres d'un air de demander:

— Qu'est-ce que c'est que cette petite chose qui ressemble à un chien?

Khéphren s'enhardit à mordiller une patte du berger. Placide, le limier se laisse faire. Sa fille pousse un peu plus loin la conquête. Elle grogne pour provoquer le grand mâle.

— Bon, conclut Alain en caressant Khéops, je crois que c'est gagné...

Jessica prend la petite boule de poil dans ses bras. Elle la couvre de baisers sous le regard curieux de Khéops.

— Là, avance le maître-chien, il faut faire attention... La petite risque de provoquer une réaction de jalousie... Il est tout de même chez lui le brave pépère !

Jessica va jouer dans sa chambre avec le chiot. La première journée d'acclimatation se passe bien. Khéops accepte que la petite chienne dorme de temps en temps contre son ventre.

— Tu crois qu'il sait que c'est sa fille ? demande Marielle.

— Certainement pas ! Ce serait trop beau... La fibre paternelle pose déjà beaucoup de problèmes chez nous, alors, tu penses bien que chez les chiens...

Instinct de paternité ou pas, Khéops se conduit en protecteur avec la petite intruse. La chienne dort chaque soir dans les bras de Jessica malgré les réticences d'Alain. Des règles strictes de cohabitation s'installent peu à peu dans la famille agrandie. Khéops affirme son autorité. Il ne tolère pas que la chienne mange en même temps que lui sur la terrasse. Il n'a pas besoin de montrer les dents, ni même de gronder, pour se faire comprendre. La loi naturelle est si forte chez les chiens que tout se passe bien. Quatre jours s'écoulent dans l'harmonie.

— C'est parfait, apprécie Mercier alors que la famille est réunie autour de la table du soir, maintenant tout ira de mieux en mieux...

Le babil des petites filles rythme le repas. Un poulet de grain est réduit à l'état de carcasse.

— On va la donner à Khéops, décide Alain Mercier, pour une fois, cela ne lui fera pas de mal...

Khéops fait durer le festin. Il lèche longuement les os qui sentent si bon, puis il les broie d'un seul coup de mâchoires.

— Il est heureux, fait remarquer son maître en retournant à table, il faut fermer la baie pour que la petite n'aille pas rôder sur la terrasse...

Les fillettes applaudissent à l'arrivée de l'énorme glace du dessert. Repue, Jessica va s'allonger sur le canapé où elle s'endort tout de suite. Marielle dépose Julie dans son lit. Alain Mercier sirote son café. Khéphren traîne entre ses jambes en léchant des miettes de pain.

— Tu veux aller retrouver ton père? lui demande-t-il en flattant de la main son pelage laineux. Attends, je vais t'ouvrir...

Et, d'un geste machinal, il fait coulisser la baie de quelques centimètres.

La boule de poil se faufile dans l'ouverture. Un petit cri déchirant alerte aussitôt son maître. Il bondit de sa chaise pour passer sur la terrasse. Khéops est tapi dans un coin. Khéphren gît près de sa gamelle, le crâne ensanglanté.

— Il l'a tuée! gronde le pompier en ramassant le petit corps agité de soubresauts. Ce n'est pas possible!

Marielle s'est aperçue du drame.

— Fais bien attention à ce que Jessica ne se doute de rien, lui conseille son mari, emmène-la dans sa chambre pendant que j'appelle Michel Kramer... On va essayer de la sauver!

La chienne n'a pas encore tout à fait perdu connaissance. L'opale trouble de ses yeux exprime un immense étonnement.

— On dirait qu'elle ne souffre pas, remarque Alain sans accorder une seconde d'attention à Khéops qui se fait petit dans son coin de terrasse.

Michel Kramer était de veille à son standard de Beausoleil. Il est vite à Menton.

— Elle est morte, lui annonce le maître-chien d'une voix grave, je n'ai rien pu faire...

— Tu vas l'enterrer à Castillon?

— Oui, bien sûr, mais je dois conduire Thierry Boulanger et Ulla à un stage qui débute après-demain à Briançon...

Kramer réfléchit quelques secondes.

— Bon, décide-t-il, je vais la mettre dans mon congélateur... Tu l'enterreras à ton retour...

L'ambulancier vétérinaire emmène le petit cadavre tout mou. Un grand silence règne dans l'appartement endeuillé. Alain Mercier crispe les poings.

— Khéops va me le payer, gronde-t-il en empoignant la fine laisse de la morte, je dois marquer le coup!

Le berger est tout penaud. Il porte la queue basse et l'oreille piteusement penchée. Il se coule furtivement dans l'ascenseur sans oser lever les yeux vers son maître qui n'a pas prononcé une parole. La colère du maître-chien explose dans le parc :

— Alors, tu sais ce que tu as fait?

La laisse menace. Alain Mercier ferme les yeux en cinglant le dos du chien, comme s'il avait peur de se faire mal en assenant le coup.

— C'est la première fois que je le bats, se rend-il compte en s'apprêtant à frapper encore, pourvu que je ne sois pas en train de casser quelque chose entre nous...

Khéops a roulé sur le dos en position de soumission absolue. Ses pattes avant implorent la pitié, mais son regard accepte la correction.

— C'est lui qui me demande de taper, se rend compte son maître qui a la gorge nouée par l'émotion, il a compris ce qu'il a fait...

Quelques secondes passent. La laisse retombe mollement contre les jambes du pompier qui pleure en relevant le chien.

— C'est ma faute, s'avoue Alain, je n'aurais jamais dû ouvrir la baie... C'est ma faute, mon Khéops! Tu n'y es pour rien, toi... Tu as eu une réaction naturelle... Tu ne voulais pas la tuer... Il a fallu que tu la mordes à la tête...

Khéops gémit. L'homme et le chien demeurent unis dans la douleur pendant une longue minute.

— On remonte, décide enfin Alain en se contrôlant, on n'en reparlera plus jamais!

Khéops, ombre craintive, le suit dans l'appartement silencieux.

— Il a compris, lâche seulement son maître pour rassurer Marielle qui craignait le pire, je n'ai même pas eu besoin de le battre...

— Et Jessica, s'inquiète la jeune femme pendant que le chien va s'allonger sur la terrasse, qu'est-ce que je vais lui dire demain?

Le pompier réfléchit vite.

— Je vais retenir un autre chiot chez Albin, décide-t-il, tu diras à la petite que j'ai emmené Khéphren avec moi à Briançon... Je passerai prendre le nouveau petit chien à mon retour... Elle ne s'apercevra de rien!

Mercier téléphone à Castellar.

— Il ne leur reste plus qu'un mâle, lâche-t-il en reposant le combiné, j'ai peur que la petite s'aperçoive de la différence... Enfin, on verra bien... Ils nous le gardent jusqu'à demain...

Le voyage sur Briançon est rapide. Alain Mercier prend tout juste le temps de déposer Thierry Boulanger et de saluer François Rostolland. Il est avant vingt et une heures chez les Albin.

— Voilà celui qui nous reste, lui annonce le fils du maire de Castellar, il est beau lui aussi...

Le chiot est même un peu trop beau. Il mesure déjà près du double de la chienne morte! Mercier hésite à le prendre.

— Après tout, se décide-t-il, si Jessica s'aperçoit de quelque chose, je n'aurai qu'à lui faire croire que son chien a grandi dans la montagne... Ça marchera peut-être! Surtout que nous l'appellerons Khéphren lui aussi...

La petite fille est endormie depuis longtemps lorsque son père rentre à Menton.

— Elle est dans notre lit, annonce Marielle, tu veux lui montrer le chien tout de suite?

— Oui, comme ça elle sera moins choquée par sa taille demain matin...

La gamine sort du sommeil.

— Jessica, regarde... Khéphren est revenu !

La petite fille écarquille les yeux. Ses bras se tendent vers le chiot balourd qui ne comprend pas ce qui se passe. Un merveilleux sourire illumine son minois chiffonné. Elle cramponne le nouveau Khéphren, le serre contre elle, et se rendort avec sa proie tiède.

— Laissons-les, décide alors son père en voyant que le chiot ne lutte pas contre la douceur qui l'envahit, il n'y a plus qu'à attendre le réveil...

Khéops a longtemps reniflé l'intrus. Son front s'est ridé, puis il lui a donné un petit coup de nez en signe de bienvenue.

— Celui-là, mon pépère, s'est alors promis son maître tout heureux de la réaction du grand berger, je veillerai à ce qu'il respecte le rituel de ta vie... Il n'y aura pas d'autre drame dans cette maison !

24

La terre tremble au Mexique

Khéops a tout à fait oublié sa réaction meurtrière. Il considère le second Khéphren comme un petit frère. Il l'éduque à sa manière bourrue.

Les devoirs et les droits du nouveau venu sont précisés. Le chiot accepte la règle du jeu, ne transgresse pas le rituel de bienséance.

— Il est costaud, se réjouit Alain Mercier, il sera certainement plus grand que son père... Ça promet !

Khéphren, en dehors de ses relations très ritualisées avec Khéops, se conduit comme un petit bandit. S'il est tout à fait propre au bout de quelques jours, il se fait les dents sur les jouets et les vêtements qui traînent à sa portée.

— Regarde ça, Marielle, se plaint son maître, c'est un vrai sauvage... Tu ne trouves pas ?

La jeune femme prend le petit ourson de peluche que jamais Khéops n'avait mordillé. Il est maintenant tout éventré.

— C'est dommage, regrette-t-elle, ça nous faisait un beau souvenir...

Le coupable est grondé. Mais il recommence dès le lendemain ses méfaits sur un autre jouet. Alain Mercier a l'indulgence facile en souvenir de la petite chienne qui repose à Castillon. Il plaide la cause du coupable :

— Ne le dispute pas trop, je commencerai son éducation dans quelques semaines... Il n'a pas le même caractère que Khéops, il est plus joueur...

Le maître-chien a failli ajouter: « Plus normal. » Il conclut :

— Laisse-lui le bonheur d'être jeune !

La fin de l'été 85 est torride. La montagne est chauffée à blanc depuis des semaines.

— Aujourd'hui, décide Alain Mercier au matin du samedi 14 septembre, nous allons passer toute la journée à Castillon...

Tout heureuses de l'escapade qui les changera de la plage, les petites filles sont vite prêtes. Comme pour les presser encore, Khéops va de l'une à l'autre en donnant des petits coups de museau. Khéphren vit sa vie de chouchou toujours pardonné. Sans gêne, il fouine dans les paniers de Marielle. La jeune femme le chasse d'une tape. Il boude vingt secondes à peine dans un coin de la pièce, et revient à la charge.

Le téléphone sonne. Jessica et Julie suspendent leur jeu avec Khéops. Marielle prend sa mine des mauvais jours. Alain Mercier décroche. Il reconnaît tout de suite la voix d'un gradé de la caserne Forty.

— C'est foutu pour la journée tranquille à Castillon, prend-il le temps de penser en écoutant le message d'alerte. J'arrive tout de suite...

Marielle a compris. Elle défait les paniers. Les petites filles pleurnichent un peu, juste pour la forme, lorsque leur père annonce qu'il doit aller travailler avec Khéops.

Le berger a tout de suite deviné le départ en recherche. Il passe la porte le premier et, sans même prendre le temps de traîner sous les arbres, se plante en attente devant la Volvo.

Les deux sauveteurs sont à la caserne à dix heures moins le quart.

— C'est un vieillard de l'hospice de Peille qui a disparu cette nuit, annonce le chef de garde.

Alain Mercier se met au volant de la 204 réservée au travail des chiens.

— Les gendarmes sont déjà sur le coup, lui précise le gradé.

— A propos de gendarmes, lui répond le maître-chien prêt à démarrer, essayez de demander l'intervention du chien de Roquebrune... On ne sera pas trop de deux!

La 204 dérape en crissant des pneus dans les lacets de la route qui contourne le mont Agel. Elle arrive à Peille vingt minutes après son départ de Menton. L'hospice se trouve sur la route de Sainte-Agnès. Les gendarmes y sont depuis longtemps. Alain Mercier cherche vainement parmi eux son ami Serge Mignotty, le maître-chien de Roquebrune.

— Ennot n'est pas là, annonce-t-il alors à Khéops, il faudra faire sans lui...

Le directeur de l'hospice se présente.

— Mes pensionnaires n'ont pas revu le disparu depuis hier soir, apprend-il au maître-chien, d'après eux il était cafardeux...

— Et allez donc, râle Mercier en écoutant les précisions de son interlocuteur, je devine encore le mauvais coup...

Il passe le harnais de recherche à Khéops et demande qu'on lui donne un vêtement du disparu. On lui tend un tee-shirt un peu trop propre à son goût. Le chien hume longuement le linge et fixe ensuite son maître pour annoncer qu'il est prêt à travailler. Mercier donne le signal du départ. Khéops mène la traque vers des bâtiments annexes de la maison de retraite. Il fouine dans des coins sombres, revient sur ses pas pour fouiller de nouveau des endroits déjà inspectés.

— Il ne trouve pas la piste, commente Mercier pour les gendarmes qui le suivent, avec le vent qu'il fait cela ne va pas être facile!

Des rafales de mistral font chanter les arbres. Elles arrachent des tourbillons de poussière au versant du mont Faquin, là où le maquis n'est pas épais. Leur puissance désoriente Khéops.

— Je vais le laisser libre de sa manœuvre, prévient Alain Mercier, il va chercher au hasard... Il tombera peut-être sur des indices...

La recherche abandonne les abords immédiats de l'hospice. Khéops entraîne son maître vers des barres rocheuses qui se dressent sous la route de Sainte-Agnès puis, changeant de direction, il le ramène sur un sentier filant en contrebas de la départementale.

— Nous allons ratisser tout le secteur en ligne ! annonce alors le gradé des gendarmes.

Etoffée par des pompiers de Peille et de Sérannes appelés en renfort, la fouille ne donne rien. Le soleil est haut depuis longtemps. Le chef de l'opération donne le signal de la pause. Alain Mercier installe son chien dans la 204. Khéops boit, et se met à lécher ses pattes mises à rude épreuve dans le maquis.

Les hommes exténués par le ratissage cassent la croûte.

— Il mange pas, le chien, s'inquiète un jovial pompier volontaire de Peille, il est malade ?

Ce n'est pas la première fois que le maître-chien est obligé de se lancer dans des explications techniques qui le font passer pour un bourreau aux yeux de ceux qui l'écoutent. L'ordre de se remettre en recherche abrège son exposé. Il libère Khéops.

— Ils ont l'air de penser que je te maltraite, les gens d'ici, lui fait-il remarquer avant de le remotiver avec le tee-shirt du disparu. Dommage que tu ne puisses pas leur expliquer ce qu'est notre vie à tous les deux...

Khéops est vite en condition de travail. La fouille traîne en longueur.

— On remonte sur Peille, annonce alors Alain Mercier, je vais recommencer à chercher en partant de l'endroit où mon chien a légèrement marqué ce matin...

Khéops remonte sur la route de Sainte-Agnès. Le vent ne faiblit pas. Il est plus de seize heures. Des curieux, descendus du village, suivent les mouvements des sauveteurs. Leurs commentaires vont bon train.

— C'est tout de même pas Dieu possible, s'impatiente Alain Mercier. Si nous ne l'avons pas encore retrouvé, c'est qu'il est tombé dans un trou...

Le berger allemand s'arrête soudain sur un muret de pierres croulantes.

— Qu'est-ce qu'il y a, s'inquiète Alain, tu en as assez ? Tu regardes les gendarmes ?

Khéops se concentre. Ses pattes se raidissent sur les pierres incertaines. Il se met à japper.

— Allons, le chien, lui fait remarquer son maître, il n'y a rien là en dessous... Les ronces ont été fouillées plusieurs fois... Viens, on va plus haut !

Le berger persiste à ne pas bouger. Ses jappements se changent en plaintes. Mercier le rejoint sur le piédestal branlant pour inspecter les vagues de ronces qui recouvrent une gravière abandonnée.

— Bon sang, souffle-t-il bientôt, tu as peut-être raison ! J'aperçois une chaussure...

Khéops force ses abois. Les gendarmes s'inquiètent à leur tour de son comportement.

— Refouillez par là en dessous, leur crie le pompier en tendant la main vers l'indice qui dépasse du magma gris et vert, je crois bien qu'il est là notre bonhomme !

Les gendarmes remontent. Statufié en arrêt, Khéops aboie toujours, comme pour encourager leur lente progression. Un sauveteur, guidé de la voix par Alain Mercier, n'est plus qu'à deux mètres de la chaussure seulement visible d'en haut.

— Il est là, hurle-t-il en plongeant dans le roncier, il est mort !

Alain Mercier flatte Khéops.

— Viens mon pépère, ils n'ont plus besoin de nous...

Et, refusant d'infliger à son compagnon le spectacle du corps au crâne fracassé, il l'entraîne à pas lents vers la 204.

— Sans lui, vient faire remarquer un pompier de Peille en désignant le berger, personne ne l'aurait retrouvé, le pauvre vieux... On l'avait pourtant fouillée plus de cinq fois cette gravière !

Khéops, par tranches d'une demi-heure entrecoupées de courtes périodes de repos, a travaillé six heures, son maître l'entraîne.

Alain Mercier est à table avec sa petite famille au soir du 19 septembre. Il est vingt heures. Khéphren a mangé sur la terrasse. Il ne reste pas une trace de pâtée dans sa gamelle. Khéops se restaure à son tour, avec beaucoup plus de dignité. Son fils l'épie derrière la baie soigneusement refermée pour que le drame du mois passé ne se reproduise pas. Puis Marielle rouvre la large vitre, Khéops rentre dans la salle à manger en se léchant les babines. Khéphren se faufile entre ses pattes pour aller manger les quelques miettes qui salissent encore la mangeoire du grand chien.

— Je suis sûr qu'il lui laisse un peu de de nourriture rien que pour le plaisir, avance Alain. Avant l'arrivée de Khéphren il nettoyait toujours parfaitement sa gamelle...

La télévision est allumée. C'est l'heure des nouvelles. Un journaliste annonce que la terre a fortement tremblé au Mexique à sept heures vingt-trois. Alain Mercier cesse de parler des chiens.

— Attends, Jessica, ordonne-t-il soudain, laisse papa écouter...

Le commentateur annonce des chiffres terribles.

— Plus de quatre cents immeubles se sont écroulés au cœur de Mexico... Il y aurait des milliers de morts sous les décombres...

Quelques images d'archives de précédents tremblements de terre en Amérique centrale s'inscrivent sur l'écran. Elles sont bien plus parlantes que tous les commentaires. Alain Mercier les détaille en retenant inconsciemment son souffle.

Le journaliste passe à des nouvelles moins attristantes. Ses commentaires politiques sonnent faux après le drame du Mexique.

Un nouveau flash d'information vient ajouter encore au trouble du pompier.

— Le séisme qui a détruit une partie de Mexico a également causé d'énormes dégâts au Chili et au sud du Texas... De nouvelles secousses sont à craindre dans les heures qui viennent... L'enregistrement de la première secousse sur l'échelle de Richter a atteint l'intensité de 7,3. Le Mexique est pour l'instant coupé du monde. Aucune communication n'a pu encore être rétablie.

— 7,3, se répète Mercier en se souvenant des leçons de Briançon, c'est colossal... Les Mexicains vont avoir besoin d'aide...

25

Au secours des Mexicains

L'ampleur de la catastrophe du 19 septembre se précise. Le drame est tel que les autorités mexicaines sont obligées de demander l'assistance internationale. Alain Mercier vit au rythme des journaux télévisés qui, à chaque édition, apportent un peu plus de détails sur le tremblement de terre.

— Si seulement quelqu'un avait l'idée de rassembler tous les maîtres-chien de sauvetage de France et de nous envoyer là-bas, commente-t-il à la caserne Forty au soir du samedi 21 septembre, nous serions à notre place au Mexique... D'après ce qu'on nous montre à la télé, les sauveteurs du pays sont dépassés !

Pendant que le caporal-chef de Menton donne son avis, les autorités de Paris prennent des décisions : les pompiers civils doivent former une force d'intervention. La nouvelle court dans les départements concernés.

Il fait bon au col de Castillon. Jessica et Julie font des niches à Khéops et câlinent le petit Khéphren qui roule parfois en boule dans le maquis en couinant de terreur. Leur père ne parvient pas à oublier le Mexique. Il écoute la radio qui continue à donner des nouvelles de Mexico entre deux plages de reggae ou de rock.

— Les pauvres gens, grommelle-t-il lorsqu'un journaliste annonce une terrifiante estimation du nombre des victimes.

Il est seize heures passées. Une jeep rouge gravit les lacets du col.

— C'est certainement pour nous ! prévoit le maçon d'occasion en suspendant sa truelle au-dessus d'une pierre à sceller. On va encore nous demander de partir à la recherche d'un petit vieux qui a disparu d'un hospice... C'est fou ce qu'ils sont cavaleurs les anciens !

Le véhicule tout terrain stoppe près de la Coccinelle de Marielle et de la Volvo. Un pompier se lance à la course vers la ruine renaissante. Il se plante sous le mur travaillé par le caporal-chef ruisselant de sueur et, contrôlant son souffle court, il annonce :

— Est-ce que tu serais prêt à partir pour le Mexique ?

Alain saute à bas de son échafaudage taché de coulées de ciment, pour en savoir plus.

— Tout ce que je peux dire, avertit le pompier, c'est qu'il est fortement question que tu partes là-bas avec le lieutenant Audiffren et quatre autres gars de chez nous... Je n'en sais pas plus... Il faut venir tout de suite à Forty !

Khéops a deviné une mission.

Alain, très énervé, appelle Marielle qui cueillait avec les petites filles les toutes dernières mûres d'un roncier.

— Nous allons peut-être partir pour Mexico !

— Bien sûr ! dit-elle sans hésiter une seconde. Descends prendre tes affaires avec la Volvo... Moi je vais retirer de l'argent au guichet automatique de la banque... Je te retrouve à la caserne !

Persuadé de partir en traque dans la montagne toute proche, Khéops saute dans le break. Alain Mercier n'a pas de mal à semer la jeep dans les virages. Il est vite à la résidence Azur-Parc. Son maigre paquetage, linge de corps, chemises, chaussures de brousse et affaires de toilette, est vite serré dans un sac de toile.

La caserne est en effervescence depuis l'arrivée du message de mise en alerte. Il est presque dix-huit heures. Les six hommes qui ont été désignés pour le départ éventuel sont anxieux.

— L'ordre est confirmé ! leur annonce-t-on enfin. Mais vous n'êtes plus que trois à partir...

Le lieutenant André Paolucci, un Méridional râblé et à grosses moustaches à la Peppone, fait partie du trio avec Henri Audiffren, le maître de Dolly, qui est pompier volontaire et, bien sûr, Alain Mercier et Khéops.

— Nous allons faire partie d'un groupement d'intervention formé de pompiers venant de Grasse, Saint-Vallier, Cagnes-sur-Mer, Antibes et Nice, annonce Paolucci.

Les ordres se précisent de minute en minute. Les trois Mentonnais et les deux chiens doivent rejoindre par la route l'aérodrome de Nîmes-Garons. Alain Mercier embrasse ses petites filles qui ne semblent pas bien comprendre ce qui se passe.

— Sois prudent, lui conseille Marielle dans un souffle d'adieu. Pense à nous !

Chaque sauveteur a rassemblé ses impedimenta, casque spéléo de type Galibier avec une lampe frontale, gros gants de déblaiement, masque respiratoire anti-poussières, treillis, bottes, ceinture de feu, sac de couchage et sac d'affaires personnelles. Une camionnette est chargée d'une tonne et demie de matériel lourd qui servira à dégager les victimes mexicaines, groupe électrogène de 220 volts, radios, projecteurs, tronçonneuses, brise-béton électrique, barquettes pour le transport des corps, cordages, pelles et pioches.

L'ordre de départ est donné par le capitaine Veillon que ses fonctions de chef de corps empêchent de partir. Khéops et Dolly sont étonnés par le remue-ménage inhabituel. Ils ne marquent pourtant pas plus d'émotion que pour une alerte de routine.

Les Mentonnais rejoignent à Nîmes-Garons vingt et un pompiers civils venus du Vaucluse, des Bouches-du-Rhône et des autres centres de secours des Alpes-Maritimes. Alain Mercier cherche en vain la silhouette épaisse de Villardy dans les groupes en attente.

— Patrick est en stage en ce moment, l'informe un pompier de Nice, il n'a pas pu se libérer...

Deux Transall de l'armée de l'Air sont prêts à décoller dès qu'ils seront chargés de tout le matériel acheminé par les trois détachements de volontaires. Il est vingt-deux heures trente. Alain Mercier a fait manger Khéops.

— C'est ta dernière boîte, lui fait-il remarquer en arrangeant machinalement les poils de feu de son jabot, j'ai bien peur qu'à partir de maintenant tu ne sois obligé de revenir au régime du stage de Briançon... Il faudra bien t'en contenter...

Les gradés du détachement parlementent auprès des gros avions aux soutes béantes. Puis ils donnent le signal de l'embarquement.

Le premier Transall roule sur la piste obscure. Le second, qui a chargé les pompiers et les chiens, le suit de près. Alain Mercier tient Khéops serré entre ses jambes. L'avion décolle. Le vacarme se fait absolu dans la carlingue ventrue.

Les deux Transall se posent à trois heures trente-cinq à Roissy-Charles-de-Gaulle.

Le berger se soulage à peine débarqué sur la zone de fret réservée à Air-France. Son maître l'entraîne ensuite à l'écart de l'agitation qui s'empare de la zone avec l'arrivée des autres détachements de volontaires.

— Ce n'est pas la peine de nous énerver pour rien, lui fait-il remarquer lorsque des corvées pressées débarquent le matériel du Transall pour le réinstaller sur des palettes fournies par l'Organisation de l'aviation civile internationale, il faut penser à garder des forces pour le sauvetage des Mexicains...

Khéops obéit. Pour lui, tout est bien dans ce monde

inconnu puisque son maître est là, qui lui parle tout doucement. Peu lui importent les bruits de moteurs des bennes et les courses des hommes.

Le sous-préfet Lefèvre, directeur des services opérationnels de la Sécurité civile, et le colonel Mercier, chef d'état-major des pompiers, sont venus accueillir les responsables des détachements. Cent sept volontaires, tous spécialistes confirmés du sauvetage-déblaiement, se pressent en bon ordre pour monter dans un Boeing 747 Combi d'Air France. Les douze maîtres-chien doivent embarquer les derniers.

— Qu'est-ce qu'on peut bien attendre? s'impatiente Alain Mercier qui a reconnu quelques amis dans les groupes compacts. A ce train-là, nous ne sommes pas encore au Mexique!

Un directeur de la Sécurité civile s'approche du commandant-vétérinaire Scailteux, un colosse de près de deux mètres et pesant cent dix kilos.

— Il y a un problème avec vos chiens, annonce-t-il. Le commandant de bord exige qu'ils soient mis en cage et voyagent dans la soute avec le matériel!

Le vétérinaire taillé en athlète grimace et disparaît dans le Boeing.

— Ça va tout foutre en l'air, commente Alain Mercier en s'adressant à Pierre Bansard, un sergent avec qui il a servi dans l'Essonne avant d'être muté à Menton. Les chiens vont s'affoler dans leurs cages... Ils ne seront plus bons à rien en arrivant là-bas... Il faudra un temps fou pour les remettre en condition!

Le sergent et les autres maîtres-chien sont du même avis.

Le vétérinaire, habile négociateur, revient annoncer que les chiens seront admis en cabine, à condition d'être muselés et qu'ils occupent le fond de l'appareil. Chaque équipe pourra utiliser de trois à cinq sièges.

Le Jumbo-jet, mi-cargo, mi-avion de tourisme, qui n'a sans doute jamais transporté quatorze gros chiens au cours d'un voyage, décolle à 8 h 55. Alain Mercier craint que Khéops ne supporte pas très bien le voyage.

— Attends... Maintenant je vais te retirer cette saleté de muselière... Personne ne nous dira rien !

Le berger remercie d'un regard et se love aux pieds de son maître.

Les pilotes du Boeing entament leur procédure d'approche du terrain de Mexico à 15 h 15, heure locale.

— Heureusement que nous avons fait escale à Fort-de-France, remarque Alain Mercier, les chiens n'auraient jamais tenu le coup sans ça...

Quelques maîtres-chien ont emmené leur limier se soulager dans la soute pendant le vol. Khéops s'est retenu jusqu'à la courte pause en terre martiniquaise.

— On arrive, l'avertit son maître lorsque l'appareil perd de l'altitude, on devrait bientôt apercevoir les ruines de Mexico !

Et, comme la plupart de ses compagnons de voyage, il se dévisse le cou pour découvrir au travers de son hublot les stigmates du tremblement de terre. Vu d'en haut, Mexico ne semble pas avoir autant souffert que le laissaient croire les images diffusées à la télévision française. La ville géante s'étale apparemment intacte devant l'avion qui pique du nez vers l'aérodrome.

Le Boeing se vide. Les chiens se détendent les pattes. L'ambassadeur de France accueille les sauveteurs avec les autorités civiles et militaires de Mexico.

— En avant pour les discours, craint un instant le maître de Khéops. On ferait mieux d'aller tout de suite attaquer les décombres !

Les officiels sont brefs. Le matériel lourd est rapidement sorti de la soute du Boeing. Les responsables du détachement ont travaillé sur son articulation au cours du vol. Les pompiers sont rattachés à la force d'intervention Fox qui est commandée par le lieutenant-colonel Aujoulet. Le médecin-colonel Chevalier assure les fonctions de chef de bureau opérationnel et médical de cet amalgame d'unités, le lieutenant-colonel Bignand et le médecin-colonel Julien se chargeant quant à eux de ses problèmes de logistique.

Aujoulet a formé quatre groupements qui se partagent la ville martyre. Les trois premiers sont mis aux ordres des commandants Bersillan, Duvillard et Favre, et le lieutenant de vaisseau Nervo, des marins-pompiers de Marseille, assure le commandement du quatrième avec le capitaine Pierre. Alain Mercier et Khéops sont affectés à la section sud du groupement du commandant Favre, qui est formé uniquement de sapeurs-pompiers communaux.

Des journalistes ont été naturellement prévenus de l'arrivée du renfort. Ils sont là, appareils braqués sur les nouveaux venus. L'un d'eux demande s'il ne serait pas possible que les chiens soient réunis pour une photo. Le commandant-vétérinaire accepte de jouer le jeu. Alain Mercier ressent le cérémonial comme un nouveau contretemps.

— Nous ne sommes tout de même pas venus jusqu'ici pour jouer les vedettes ! grommelle-t-il en s'abstenant de faire prendre à Khéops une pose avantageuse.

Les journalistes, las de photographier des ruines et des cadavres empilés, rongent leur nouvel os avec acharnement. Les flashes de leurs appareils crépitent pendant quelques minutes. Puis la meute repue repart à la chasse au sensationnel.

Solidement encadré par des véhicules bondés de policiers armés, un convoi de cars et de camions se forme devant l'aéroport.

— On se croirait en guerre, constate Alain Mercier après avoir installé son chien au fond d'un car.

Le convoi démarre lentement. Personne ne parle dans le bus d'Alain Mercier. Des ruines défilent autour du véhicule. Des immeubles se sont écroulés comme des châteaux de cartes. Des gens errent, tête basse, dans des rues jonchées de gravats.

— On dirait qu'ils ne vont nulle part, se rend compte Alain Mercier en suivant du regard les cohortes de zombies. Ils ont tout perdu... De l'avion, on ne voyait rien de toute cette désolation...

Des militaires casqués patrouillent à pas lents en brandissant des fusils d'assaut pour empêcher le pillage des immeubles abattus. Des bandes de gosses en haillons les fuient. Leurs galopades criardes évitent des automitrailleuses embusquées en quadrillage à chaque carrefour.

— C'est dans ce pays détruit que doit se dérouler la coupe du monde de football au mois de juin prochain, se souvient tout à coup Alain Mercier. Comment vont-ils faire pour tout reconstruire à temps...

Les cars s'arrêtent devant le Crown Plaza, un hôtel qui a été affecté aux hommes du commandant Favre. Le palace paraît intact. Les policiers mexicains pressent les Français de décharger les camions qui suivaient les cars. Puis ils font mine de repartir avec les véhicules vides. Les officiers français réagissent : ils craignent de se retrouver sans matériel roulant pour assurer les secours et réussissent à conserver deux camions.

— Ce n'est pas avec ça que nous allons pouvoir nous débrouiller, constate amèrement Mercier qui a suivi la discussion.

Les Français investissent le palace de vingt-cinq étages, qui est vide de clientèle normale mais déjà occupé par des sauveteurs aux mines lasses. Les murs du Crown Plaza sont par endroits fissurés à l'intérieur.

— Bon sang, fait remarquer Mercier à l'un de ses compagnons, il va s'écrouler à la moindre nouvelle secousse... On ne va tout de même pas dormir là-dedans !

Les ordres sont les ordres, le détachement Favre s'installe tant bien que mal dans les chambres qui lui ont été affectées par les autorités mexicaines. Le grand vétérinaire, qui avait si adroitement parlementé avec le commandant du Boeing à Roissy, est aux petits soins pour ses protégés à quatre pattes et donne à leurs maîtres des conseils d'hygiène.

— Faites en sorte que vos chiens ne mangent pas n'importe quoi, précise le vétérinaire. Et surtout veillez bien à ce qu'ils ne boivent que de l'eau minérale ! Je reviendrai demain matin...

Alain Mercier rôde un peu avec Khéops autour du palace. La nuit tombe, très fraîche, sur la ville morte.

26

Dans l'enfer des décombres

Alain Mercier se réveille en pleine nuit. Etrangement oppressé, il allume la lumière. Les lieutenants Paolucci et Audiffren qui partagent sa chambre sont éveillés eux aussi. Khéops ne bronche pas. Les trois hommes s'interrogent du regard en épiant les bruits de la ville.

– Tout a bougé, avance Audiffren en passant la main dans ses cheveux, du moins j'en ai eu l'impression.

Le lieutenant Paolucci a si bien senti la secousse sismique qu'il a lancé ses jambes et ses bras en mouvement réflexe, comme pour retenir le plafond de la chambre. Alain Mercier est obligé d'admettre que la terre a tremblé. Il attend une nouvelle secousse pendant deux minutes, puis éteint la lumière et se rallonge.

– Tout de même curieux que Khéops et Dolly n'aient pas réagi, s'étonne-t-il avant de se rendormir. On prétend pourtant que les chiens devinent les tremblements de terre avant tout le monde... Encore une idée reçue qui ne tient pas la route...

Le Crown Plaza s'anime bien avant l'aube du mardi

24 septembre. Les responsables de groupes vont au PC Lafayette prendre leurs ordres.

— Qu'est-ce qu'on attend pour bouger? s'impatiente Alain Mercier. Nous aurons bien de la chance si nous découvrons des survivants dans cette pagaille...

Le commandant Favre réunit ses groupes à neuf heures dans le hall de l'hôtel qui a pris des airs de PC de guerre. L'officier étend une large carte de Mexico sur le mur, désigne une zone en triangle située au sud-ouest de la ville, tout près du parc de Chapultepec. Le secteur dévolu aux pompiers communaux est délimité au nord par Reforma Boulevard, à l'est par Insurgentes Avenue, et au sud-ouest par le grand Anillo Periferico qui ceint la ville géante.

— Les autorités mexicaines ont décidé de procéder à l'enlèvement sélectionné des décombres, annonce le commandant du Vaucluse, nous devons donc faire vite...

Alain Mercier fronce les sourcils.

— Enlèvement sélectionné, se souvient-il, ça veut dire qu'ils vont bientôt employer des moyens lourds sans se soucier de savoir s'il y a encore des survivants sous les décombres...

Son chef poursuit son exposé :

— Nous allons investir tous les immeubles de notre secteur, qu'ils soient partiellement touchés ou entièrement détruits...

Et l'officier explique le déroulement idéal de la mission: reconnaissance et recherche avec les équipes cynophiles, recherche à l'écoute à l'aide de géostéréophones, puis marquage des immeubles traités pour guider les équipes de démolition.

Le convoi des pompiers se dirige vers la zone à traiter. Les Français roulent au milieu de chantiers déjà entamés. Un vacarme étourdissant règne au sud-ouest de la ville. Des staccatos de marteaux piqueurs, des chocs de brise-béton, des hurlements de tronçonneuses et de bulldozers se mêlent en un concert d'apocalypse. Des pans d'immeubles s'abattent dans des nuages de poussière.

— Si ça se trouve, envisage tristement Mercier lorsque le convoi frôle un immense tas de gravats qui semble fumer, il y avait encore du monde là-dessous...

Les pompiers attaquent les recherches. Ils se séparent en petites équipes pour reconnaître des immeubles ravagés dans la Calle Puebla, les rues Durango, Oakaga, Colina et dans l'avenue Sonora qui courent, bordées d'immeubles anciens, en dessous du quartier résidentiel Europa dont les constructions plus modernes ne semblent pas avoir souffert. Puis les sapeurs se regroupent en une seule section pour fouiller l'école Datanex, un établissement de formation d'informatique et de secrétariat. Dolly et Khéops s'acharnent sur ses décombres inextricablement mêlés.

— Khéops a marqué ! annonce bientôt Alain Mercier aux sauveteurs casqués qui épiaient son travail. Il y a sûrement des victimes dans le coin...

Deux spécialistes de l'écoute auscultent l'immeuble mort à l'aide de leurs géostéréophones. Le silence se fait peu à peu autour d'eux, les engins de recherches se taisent les uns après les autres. Seul, Khéops continue à gémir et à gratter obstinément les décombres sur lesquels il s'est juché. Les porteurs d'appareil de sonde sonore se concentrent à l'écoute du moindre craquement montant du magma informe.

— Il y a des frottements juste en dessous des chiens ! crie soudain l'un d'entre eux.

Les sapeurs arrachent nerveusement des moellons éclatés, des madriers et des poutrelles tordues. Khéops couine en mordant des débris et en grattant la ruine à grands coups de pattes. Son maître oublie le temps qui passe dans le bruit des tronçonneuses et des scies remises en fonctionnement à l'annonce du grattement surpris dans les entrailles de l'école. Il déblaie lui aussi, en laissant Khéops libre de sa manœuvre.

Il fait plus de vingt-cinq degrés. Paolucci et ses compagnons sont en sueur. Des Mexicains, qui ont réussi à franchir les barrages de la police et de l'armée, leur passent des bouteilles d'eau minérale. Khéops boit lui aussi.

— Mon pauvre vieux, reconnaît son maître, avec toute cette poussière j'ai bien peur que tu ne tiennes pas très longtemps le coup...

Le commandant Scailteux se déplace de chantier en chantier pour soigner les animaux qui se blessent aux pattes. Il est seize heures trente. Il y a plus de trois heures que les chiens fouillent dans les ruines.

Khéops s'acharne. La course contre la mort continue. Les géostéréophones captent de nouveaux grattements qui pourraient être interprétés comme des preuves de vie souterraine. Des pompiers s'engagent dans une sorte de tunnel étroit et à peine dégagé.

— Il y a des traces de sang ! hurle l'un d'eux.

Le déblaiement s'accélère. Les pioches et les pelles cliquettent au milieu des ronronnements de moteurs. Une insoutenable odeur s'élève soudain des ruines.

— Ça pue la mort, hoquette Alain Mercier en refrénant l'ardeur de son chien, les copains vont tomber sur des cadavres !

Deux têtes coiffées d'un magma de sang, de cheveux et de poudre de ciment, apparaissent dans l'ombre du tunnel petit à petit élargi. Les yeux rouges, les pompiers les fixent, incrédules, puis se remettent à fouiller les gravats avec plus de frénésie. Khéops lui aussi fixe les morts aux yeux grands ouverts. Il jappe, comme s'il les plaignait.

— Ne t'en fais pas, lui promet Alain Mercier en le flattant pour le remercier d'avoir permis de retrouver les deux cadavres, tu vas certainement découvrir des vivants...

Le pompier inspecte du regard d'autres ruines toutes proches et qui n'ont pas encore été travaillées par des équipes de sauveteurs. Khéops se remet à renifler. Sa truffe poussiéreuse cogne contre des madriers sans qu'il se soucie de la douleur. Son maître lui accorde une courte pause pour inspecter ses coussinets.

— Ça va, le chien, reconnaît-il en le laissant reprendre le travail, pour l'instant ils ne sont qu'échauffés...

Le berger marque une nouvelle fois. Ses aboiements nerveux attirent deux spécialistes qui mettent au jour un bras tout mou.

— On ne peut pas soulever le bloc qui coince le reste du corps, annonce l'un d'eux en se relevant de son macabre travail, il faudrait des engins lourds...

La nuit tombe sur le chantier. Le travail se poursuit à la lueur des lampes de casques et dans le halo de quelques baladeuses alimentées par un groupe de 220 volts amené de France. Quelques Mexicains, qui avaient déserté le chantier à la fin du jour, reviennent avec du ravitaillement. Les Français se partagent des petits pains à peine cuits et des morceaux de poulet froid dégoulinants de sauce piquante.

— Toi aussi, il faut que tu manges, Khéops, décide Alain Mercier en sortant de son sac un morceau de saucisson. Le travail de recherche reprendra demain pour toi...

Une pelleteuse et une grue se mettent en branle. Dolly et son compagnon se sont assis près de leurs maîtres et suivent leurs manèges bruyants. La première victime retrouvée grâce à leur flair est bientôt dégagée jusqu'à la ceinture.

— C'est une jeune fille, commente Mercier en considérant la statue poussiéreuse qui émerge du sombre magma, elle a été surprise en essayant de gagner la rue...

Une grue extrait un énorme pilier de béton qui barrait l'accès d'une cage d'escalier. D'autres corps apparaissent enchevêtrés. Des volontaires de la Croix-Rouge mexicaine viennent les enlever. Leurs visages figés témoignent de tout ce qu'ils ont vécu pendant cinq jours passés en enfer.

— Reprenez l'écoute, ordonne un gradé lorsque le vacarme du dégagement en force s'est tu, on ne sait jamais...

Les géostéréophones ne décèlent plus aucun bruit. Le commandant Favre se résout à faire donner les moyens lourds. Quatre corps sont encore retirés des décombres. Les Mexicains les emmènent en cortège lugubre vers une morgue déjà comble.

Il est presque une heure du matin. Les pompiers accusent la fatigue. Un ordre les ramène à leur hôtel. Alain Mercier refuse d'aller se reposer avant d'avoir laissé son chien se remettre de l'insoutenable tension de dix heures de recherches.

Le vent se lève soudain. Des gens se mettent à courir dans l'avenue. Khéops continue son manège de détente en levant de temps en temps la patte pour marquer son nouveau territoire. La terre tremble une nouvelle fois. Son frémissement n'a duré que quelques secondes. Les Mexicains ne courent plus. Alain Mercier fixe les hauteurs de l'hôtel, comme pour se rassurer, et décide de monter enfin se coucher. Une nouvelle fois, Khéops n'a marqué aucun énervement à la secousse.

— Décidément, le plaisante son maître une fois allongé sur sa couche, tu ne ferais pas une bonne sentinelle au Japon !

La courte nuit de repos s'achève vite. Les pompiers apprennent que la secousse de la nuit était de force 4. Ils interviennent le matin dans un immeuble écroulé à cinquante mètres seulement du Crown Plaza. Khéops marque tout de suite. Dolly réagit tout aussi nettement. Les sapeurs s'acharnent au déblaiement. Mais la victime est bien trop profondément enfouie pour qu'ils parviennent à la déterrer. Une écoute patiente au géostéréophone ne permet pas d'envisager la présence de survivants. Des Mexicains prennent possession du chantier. Un ordre relance les hommes du commandant Favre dans le secteur de la veille.

Khéops s'est mis en quête en face de l'école Datanex qui n'est plus qu'une nécropole. Un Mexicain d'une quarantaine d'années, visage en lame de couteau, yeux enfoncés dans des orbites marquées par le manque de sommeil, rôde au milieu des décombres de l'école. Il s'arrête là où les pierres sont tachées de sang, se signe, ferme les yeux, prie, se signe à nouveau, et traverse la rue pour rejoindre les Français.

L'homme passe de groupe en groupe en se forçant à sourire et en adressant à chacun une parole aimable en espagnol. Il s'arrête devant Khéops. Il demande du regard s'il peut le caresser. Alain Mercier hoche la tête. L'homme pose une main tremblante sur les poils déjà souillés du berger, le flatte tout doucement et, fixant soudain le Français d'un regard où brille toute la peine du monde, il lâche d'une voix rauque :

— *Muchas gracias*...

Un interprète bénévole vient traduire les paroles qui ont suivi le remerciement.

— C'est sa fille qui a été retrouvée la première hier dans l'école, ânonne le jeune homme dans un français hésitant, il vous remercie... Vous et le chien !

Le père endeuillé s'éloigne dans les décombres. Les Français, émus, suivent un instant sa silhouette tassée.

— Quelle leçon ! se laisse aller à murmurer Alain Mercier en remettant Khéops au travail. Quelle belle leçon de dignité...

Le Mexicain a disparu. Le travail reprend dans l'immeuble qui, curieusement, n'est atteint qu'aux sixième et septième étages. Les Français sont bloqués au cinquième. Ils ne parviennent pas à se frayer un passage dans l'amoncellement de débris qui encombre la cage d'escalier. Le commandant Favre réclame par radio l'intervention d'une grande échelle des *Bomberos*, les pompiers de Mexico. L'engin est mis en place peu après midi. Les deux étages sinistrés sont vides.

— Ils étaient occupés par des cabinets de dentistes, de médecins et d'avocats, explique-t-on à Alain Mercier et à ses compagnons, il n'y avait sans doute personne dans les locaux lorsque la terre a tremblé le 19 septembre à sept heures et demie du matin.

Les pompiers sont las. Il fait encore plus chaud que la veille. L'intendance est bien organisée, un repas les attend à leur base. Le commandant Scailteux vient visiter les chiens qui ont particulièrement souffert sur des zones de décombres arrosées de formol par les Mexicains hantés par le spectre des épidémies.

— Il faut faire très attention, recommande-t-il en ôtant ses lunettes de soleil, j'ai eu à soigner des chiens de l'Armée qui sont arrivés avant les vôtres... J'ai dû en mettre certains sous perfusion... Prenez garde aux débuts d'entérite !

Le repas est vite expédié, le capitaine Armand donne le signal du retour au déblaiement. Ses trois chefs de groupe, Paolucci, Thibaut, un lieutenant des Bouches-du-Rhône et l'adjudant Yves Clareton, du Vaucluse, entraînent leurs compagnons vers un immeuble de la rue Xola. Le bâtiment est entouré par des Mexicains prêts à l'investir avec d'importants moyens mécaniques. Une course contre la montre et la mort s'engage.

— Allez, le chien, ordonne Alain Mercier à Khéops après avoir jeté un coup d'œil de défi aux engins prêts à tout raser. On ne va pas les laisser faire avant d'être sûrs qu'il n'y a plus personne en vie là-dessous !

Le berger inspecte tour à tour des cratères et des entrées de boyaux étroits. Des appels provenant d'autres équipes qui le réclament viennent souvent enrayer son pistage acharné.

Khéops décèle plusieurs cadavres invisibles. Très dignes, des parents ou des amis de disparus se sont massés derrière les policiers qui veillent en armes à ce que les chantiers ne soient pas envahis.

— Cherche encore, le chien ! encourage Mercier. Il ne faut pas les décevoir... Il faut leur retrouver leurs morts, pour qu'ils puissent les enterrer dignement... Sinon les autres vont en faire de la bouillie avec leurs bulldozers !

Des sapeurs laissent pendre leur sonde dans des failles. L'un d'eux repère des grattements très faibles.

— Cet immeuble a déjà été visité par des équipes allemandes, vient expliquer au capitaine Armand le chef de l'armada de démolisseurs aux aguets, il n'y a certainement plus personne... Il faut quitter le chantier !

L'officier français tient à donner une dernière chance à d'éventuels rescapés. Les écoutes se poursuivent malgré l'énervement des Mexicains qui veulent éliminer tous les possibles foyers d'épidémie.

— Le patron des démolisseurs est têtu, vient expliquer à voix basse un interprète au capitaine, hier il a interdit l'accès du chantier aux pompiers de Paris... Pour lui, ce qui compte, c'est d'aplatir tout ça le plus vite possible !

Alain Mercier a entendu la remarque amère du volontaire de la Croix-Rouge.

— Nous ne faisons pas le même métier, rumine-t-il en suivant Khéops vers une coulée de béton, ils ont peut-être raison dans l'absolu, les démolisseurs, mais ce n'est pas ce que nous voulons... Hein, le chien ?

Des sauveteurs se coulent dans les moindres interstices des ruines. Les moteurs des bulldozers et des grues ronronnent leurs menaces. Le chef de chantier revient à la charge pour que cessent les recherches. Il est dix-huit heures trente. Le capitaine Armand considère les hommes en sueur qui s'acharnent contre le magma de pierres et de poutrelles. Il jette un coup d'œil vers les engins prêts à intervenir au moindre signal.

— D'accord, lance-t-il au chef de chantier, vous pouvez y aller ! Mais enlevez d'abord la grosse dalle que vous voyez là-bas... Laissez-nous ensuite fouiller ce qu'il y a en dessous...

Le Mexicain ne prend même pas la peine de retourner près de ses engins. Il lève le bras. Le signal était attendu depuis longtemps. Les moteurs de bulldozers s'enragent. Les pompiers s'écartent.

— C'est fini, gronde Alain Mercier.

Les groupes de curieux ne bronchent pas. Quelques femmes se signent lorsqu'une grue enlève la dalle désignée par le capitaine Armand.

— Qu'est-ce que vous voulez retrouver là-dessous, vient faire remarquer le chef de travaux à l'officier des pompiers, il ne peut y avoir que des morts !

Le capitaine ignore la remarque. Les engins se taisent à nouveau. Les recherches reprennent. Khéops disparaît avec son maître dans un couloir où flotte un épais nuage de poussière.

La fouille ne donne rien.

— Pourtant, plaide un sondeur au géostéréophone, j'entends encore des grattements...

Un de ses compagnons le prend par le bras.

— Viens, lui souffle-t-il, ce que tu as entendu n'est sans doute que l'écho des bruits de la rue où passent des ouvriers et les parents des disparus... On ne peut pas obtenir le silence total...

Le pompier admet la défaite. A bout de forces, il emboîte le pas de ses compagnons. Les bulldozers se ruent à l'assaut dans un tonnerre de grondements. Les restes de l'immeuble sont rapidement réduits à une couche de gravats de quelques mètres d'épaisseur.

— C'est fini, annonce Mercier à Khéops, nous rentrons à l'hôtel... Quel gâchis !

27

Tristes adieux à Mexico

La terre tremble deux fois au cours de la nuit du mercredi au jeudi. Alain Mercier n'a pas allumé la lumière à la première secousse, et ne s'est même pas éveillé à la seconde. Au matin, les pompiers français découvrent de nouvelles fissures sur les murs du Crown Plaza.

Alain Mercier et Khéops remontent dans les véhicules mexicains pour gagner le quartier Zazaga où ils se mettent au travail en fin de matinée. Les équipes de pompiers inspectent des immeubles apparemment intacts, mais qui ont prudemment été évacués de leurs habitants regroupés dans des camps de toile sur les places de Mexico. Khéops rôde entre les bâtiments.

— Je le laisse faire, confie son maître à un sapeur qui s'étonnait de son manège inhabituel, on ne sait jamais...

Un ordre venu du PC La Fayette interrompt le marquage des immeubles.

— Vous devez intervenir à la banque Banamex, s'entend ordonner le lieutenant Paolucci qui répond à l'indicatif radio de Fox 32, il y a une trentaine de victimes à retrouver...

Les pompiers abandonnent les immeubles à la furie des

démolisseurs, si pressés d'effectuer le travail. Ils sont vite à la banque sinistrée.

— Là, avance Alain Mercier en approchant des lieux solidement gardés par la police et un groupe de soldats, c'est bon pour toi, mon Khéops...

Les dix étages de l'immeuble Banamex se sont affaissés en mille-feuille. Pas un pompier ne réussit à s'insérer entre ses dalles étroitement imbriquées. Khéops se met en chasse. Les Mexicains ont arrosé les ruines de produits désinfectants. Le chien éternue à plusieurs reprises. Son maître décide de l'écarter du danger.

— De toute façon, plaide-t-il auprès de ses compagnons tout aussi désarmés que lui devant le désastre, il n'y a sûrement plus âme qui vive là-dedans... Je crois qu'il vaudrait mieux essayer de passer par en dessous...

Un sapeur repère une étroite cheminée. Deux hommes se coulent dans le boyau pour se livrer à des écoutes soigneuses.

— Rien ne bouge, vient annoncer très vite l'un des deux spécialistes du sondeur acoustique, ils sont tous morts!

Les sous-sols de la banque sont inondés. Il règne sur le site une odeur de chairs en décomposition. Les sauveteurs bien aguerris ont du mal à la supporter malgré leurs masques.

— Et toi, le chien, s'inquiète Alain Mercier, comment ça va?

Khéops larmoie. Il n'est pas dans son assiette. Les menaces du commandant-vétérinaire de Bohain reviennent à l'esprit d'Alain Mercier qui panique en prenant la tête du chien dans ses deux mains.

— Dis, mon Khéops, lui souffle-t-il à l'oreille, tu ne vas pas tomber malade? C'est seulement cette saloperie de formol qui t'indispose...

Le berger saisit l'inquiétude de son maître. Il prend l'air joyeux. Ses yeux redeviennent presque brillants.

— C'est bien, le félicite le pompier en se redressant, j'aime mieux ça!

Les pompiers abandonnent les recherches.

— Ils sont tous noyés, reconnaît leur chef en se décidant à rendre compte par radio de l'horreur découverte dans la banque, il est impossible de les sortir de là...

Les soldats regardent partir les Français et leurs chiens sans faire de commentaires. Ils sont sur la brèche depuis plus longtemps qu'eux, leur apparente froideur n'est que l'expression d'une trop grande fatigue, et aussi le reflet de trop d'horreur.

Une colonne de marins-pompiers de Marseille traverse une avenue à la frontière de deux zones d'intervention.

— Mais, s'étonne le maître de Khéops, on dirait bien Patrick Villardy avec ses chiens... Comment a-t-il fait pour partir quand même ?

Le colosse a, lui aussi, reconnu son ami. Il ne lui adresse qu'un petit signe de main. La colonne disparaît dans les décombres.

Les fouilles continuent jusqu'à la nuit. Khéops marque inlassablement des cadavres. Les pompiers s'échinent à dégager des entrées de conduits pour les déterrer. Du regard, le chien implore parfois un peu de répit.

— Pauvre vieux, le plaint Alain lorsque l'ordre de rentrer au Crown Plaza tombe sur la petite troupe harassée. Il en a assez de renifler autant de putréfaction...

Le bruit court parmi les Français que leur rapatriement est proche. Le commandant Favre confirme la nouvelle au matin du 27 septembre.

— Nous prenons l'avion demain pour la France, annonce-t-il avant de donner les consignes de travail pour la dernière journée de sauvetage. Seuls les groupes du Vaucluse et des Bouches-du-Rhône participeront aujourd'hui aux recherches... Ceux des Alpes-Maritimes se chargeront de la préparation du matériel à l'aéroport.

Alain Mercier éprouve un petit pincement au cœur, mais

il se reprend en se disant que ce répit forcé permettra à Khéops de se reposer.

Les pompiers installent près de quatre tonnes de matériel sur des palettes. Ils commentent ce qu'ils ont vécu et ce qu'on leur a raconté.

— Il paraîtrait, lance à Alain Mercier un de ses compagnons, qu'il y a un chien qui a marqué sur un tas de décombres... Et tu sais ce que les gars ont découvert ?

Le maître-chien n'apprécie pas les plaisanteries sur ses amis à quatre pattes.

— Ils ont creusé comme des bêtes, enchaîne le sapeur, et ils sont tombés sur un frigo plein de bouffe !

« Ça prouve bien, pense Alain Mercier, que François Rostolland avait raison de mêler de la viande pourrie aux décombres dans lesquels il nous faisait travailler. Ce chien était obnubilé par la recherche de nourriture... Il n'avait pas dû subir le même entraînement que les nôtres... Mais il a tout de même un sacré flair, le chien au frigo... Il ne lui manque qu'un tout petit réglage pour être parfait. »

La corvée s'achève. Paolucci ramène ses compagnons au Crown Plaza qui se vide peu à peu de ses occupants, civils appartenant à des organisations humanitaires et pompiers de différents pays.

Alain Mercier n'a pas eu de contact avec son épouse depuis son départ. Les communications téléphoniques ont été rétablies pour la plupart dans Mexico, mais la mégalopole demeure encore isolée du monde. La nouvelle d'un éboulement qui aurait causé la mort de quinze pompiers a même commencé à courir dans quelques rédactions en France. Ce n'est que grâce au télex d'un industriel français installé au Mexique qu'un démenti a pu être envoyé à temps.

L'heure du départ arrive. Alain Mercier rôde une dernière fois à quelques dizaines de mètres du Crown Plaza avec quelques pompiers qui ont déjà bouclé leur maigre bagage.

— Détends-toi bien, conseille-t-il à Khéops, nous allons encore avoir un long voyage en avion...

Des Mexicains regardent le chien se promener. Ils savent tout ce qu'il a fait pour retrouver leurs morts dans les ruines empuanties. L'un d'eux se mêle au groupe des Français sur le départ.

— Pourriez-vous venir avec moi, messieurs, demande-t-il très lentement, ma femme, ma fille de deux ans et une autre d'à peine un an sont sous les décombres là-bas...

L'homme tend une main vers un immeuble en ruine situé à deux cents mètres du Crown Plaza. Ses traits ne trahissent plus d'émotion.

— Le pauvre gars, il a mon âge, se rend compte Alain Mercier à qui une jeune fille de la Croix-Rouge mexicaine a traduit le triste message, il faut faire quelque chose.

Les Français échangent des regards lourds d'impuissance et repartent un à un à pas lents vers l'entrée de l'hôtel où sont massés leurs compagnons qui attendent les camions et les cars.

— Allons-y, Khéops, décide Mercier.

L'immeuble en ruine est vite atteint. Personne ne rôde plus autour de ses amas difformes.

— Je voudrais les retrouver toutes les trois pour les enterrer dignement, précise le Mexicain avant d'entraîner plus loin le maître-chien et Khéops.

Et, désignant un amas de décombres dominé par quelques pans de murs délabrés, il murmure :

— C'est là... Elles sont certainement là-dessous... Demandez à votre chien de les retrouver !

Alain Mercier a la gorge nouée par une émotion qu'il n'a peut-être jamais ressentie jusque-là.

— C'est trop dur, gronde-t-il intérieurement, je n'aurais pas dû venir ici...

L'homme devine le trouble du Français.

— Juste pour les retrouver, monsieur, répète-t-il. Demandez-le à votre chien...

L'homme ne mendie pas. Il a même l'air d'ordonner. Alain Mercier obéit.

— Cherche, Khéops, commande-t-il d'une voix sèche au berger, cherche bien !

Le temps n'existe plus.

— Tu marques, jubile soudain le pompier en reconnaissant un éveil du berger, elles sont vraiment là !

Le Mexicain a, lui aussi, saisi l'intérêt du limier pour un amas de poutres emmêlées. Il se déchire les mains à essayer de les enlever.

— Attendez, lui souffle le maître-chien, je vais vous aider...

Les deux hommes sont des nains sur la masse des décombres. Ils ahanent pour arracher quelques débris dérisoires.

— Il y a des traces de sang contre le mur, se rend compte Alain Mercier en passant la tête dans un trou qui donne dans ce qui était encore une salle de bains il y a huit jours. Des cheveux sont collés en plaque sur le carrelage...

Khéops se déchaîne. Il arrache de ses dents des morceaux de bois en grondant. Ses deux compagnons sont vite à bout de forces. Le Mexicain se laisse tomber sur les décombres, la tête prise entre ses deux mains écorchées. Puis il se relève, retrouve sa dignité de descendant d'Indiens, et serre la main du Français.

— *Gracias*, murmure-t-il sans ciller et le regard fixe, *muchas gracias, amigo Francès* !

Alain Mercier arrache Khéops à sa rage de fouiller encore.

— Elles sont là-dessous, balbutie-t-il à son compagnon, mais je ne peux rien faire tout seul... Je suis obligé de rejoindre les autres...

Le pompier presse le pas vers le Crown Plaza. Le détachement monte dans ses véhicules. Khéops se cale entre les jambes poussiéreuses de son maître qui n'a pas desserré les dents depuis son retour parmi ses compagnons. Le convoi est vite à l'aéroport. Les journalistes sont là pour photographier les hommes et les chiens. Quelques officiels y vont de leur discours, mais Alain Mercier ne leur accorde pas d'attention. Son regard ne peut s'arracher des banderoles qui jaillissent au-dessus de quelques groupes de Mexicains maintenus à l'écart par la police.

« *Francès*, lit-il sur un premier calicot, *pourquoi partez-vous* ? »

Il parcourt les autres inscriptions : « *Restez ! Laissez-nous votre matériel d'écoute ! Nous avons besoin de vous !* » Et il est près de pleurer en découvrant un immense « *Merci* » qui en dit long sur le sentiment des habitants des quartiers secourus par le détachement français.

Des gosses en pleurs se jettent au cou des sauveteurs.

— Ils ont raison, grommelle Mercier alors que l'ordre d'avancer vers un Boeing-Combi d'Air France est donné, nous devrions rester encore...

Puis, lissant machinalement le poil de Khéops encore souillé des traces de la recherche de la dernière chance, il monte dans l'appareil en s'efforçant de ne plus rien voir de Mexico.

28

Khéops est à l'honneur

Il est 11 h 55, le samedi 29 septembre, lorsque le Boeing d'Air France se pose sur l'aéroport de Marignane après avoir fait escale à Pointe-à-Pitre et à Roissy-Charles-de-Gaulle. A Paris, les pompiers et sauveteurs volontaires ont été présentés à Pierre Joxe, le ministre de l'Intérieur, et à d'autres autorités massées pour les féliciter.

Khéops a parfaitement supporté le voyage. Le commandant Scailteux, qui a examiné les chiens dans l'avion, l'a trouvé en forme malgré son évidente fatigue. Le berger ne se sent vraiment de retour qu'une fois parvenu à la caserne Forty où il manifeste son bonheur en allant renifler tout son territoire. Un sourire éclaire le visage émacié de son maître.

— Là, au moins, lui souffle Alain, je te retrouve ... La vie normale va recommencer !

Marielle et Jessica accueillent leurs héros avec des gestes très doux. Jessica s'étouffe dans les longs poils de Khéops. Les embrassades se prolongent sous le regard attendri de Marielle qui est enfin rassurée. Khéphren est tout fou. Il fonce sur Khéops, le mordille, roule en boule d'un air soumis, jappe, et recommence à agacer son protecteur retrouvé.

— Bon, les filles, annonce le pompier en se dégageant

difficilement des petits bras et des petites jambes noués sur lui, allez fouiller dans mon sac... Je vous ai ramené quelques petits cadeaux que j'ai tout juste eu le temps d'acheter à l'aéroport de Mexico...

Puis, retrouvant avec plaisir chaque mètre carré de son monde habituel, il se rend dans sa chambre.

— Qu'est-ce que c'est que ce fourbi? s'inquiète-t-il en découvrant le bas d'un pan de mur sans papier peint et dont le plâtre est profondément entamé sur toute sa longueur. La terre a tremblé ici aussi?

Marielle est gênée.

— C'est Khéphren, avoue-t-elle, je ne sais pas ce qui lui est arrivé... Il a été pris de frénésie destructrice le soir de votre départ...

Le maître-chien évalue les dégâts.

— Ce n'est pas grand-chose, je vais arranger ça... Mais s'il recommence, le petit sagouin...

Khéops et Alain bénéficient de quelques jours de repos. Ils se rendent au col de Castillon où le maître-chien reste aux aguets de la moindre réaction de son compagnon de courses dans le maquis. Il ne retrouve pas le chien d'avant le Mexique.

— J'ai la sale impression qu'il a vieilli tout d'un coup, se dit-il. J'ai peur qu'il ait laissé une belle part de sa vitalité dans les décombres de Mexico...

Khéops semble vouloir le rassurer en l'obligeant à faire semblant de travailler. Il l'entraîne vers la chapelle à la cloche magique. Mais le jeu ne détache pas le pompier de ses préoccupations.

— Je vais le montrer à Weill, décide-t-il. Avec toutes les saletés de produits chimiques qu'il a reniflées là-bas...

Le vétérinaire monégasque est rassurant :

— Il va se requinquer très vite, annonce-t-il à la fin de son examen, tout va pour le mieux!

Les jours passent, la vie normale a repris tous ses droits. Les événements tragiques du Mexique s'estompent peu à peu. Le Nevada del Ruiz, un volcan de Colombie haut de 4 800 mètres, se réveille le 13 novembre. La chaleur dégagée par l'éruption fait fondre les glaciers qui recouvraient ses flancs. Des torrents de boue entraînent des masses de rochers vers la vallée. Ils laminent au passage la ville d'Armero que ses 21 000 habitants n'ont pas eu le temps de fuir.

Chaque journal télévisé amène son lot d'images horribles. Une fillette de douze ans, peu à peu ensevelie dans la boue, agonise et meurt sous le regard froid d'une caméra.

– C'est intolérable, murmure alors Alain Mercier en fermant les yeux pour contrôler ses larmes, on ne devrait pas montrer des choses comme celle-là...

Le pompier ressent le besoin de s'isoler avec Khéops.

– Toi, tu sais ce que c'est que l'horreur... lui souffle-t-il, tu en as vu, au Mexique, des corps de petites filles comme celle qui vient de mourir en Colombie... Tu me comprends donc mieux que les autres...

Khéops ne comprend en vérité qu'une seule chose, c'est que son maître a de la peine. Il niche son nez contre la poitrine de l'homme en soufflant très fort. Le courant d'amitié passe. Alain Mercier retrouve sa sérénité.

La vie de l'homme et du chien aux liens encore resserrés par le voyage au Mexique s'écoule sans grands heurts au rythme immuable de vingt-quatre heures de service et quarante-huit de repos. Khéphren est devenu un grand beau chien aux poils plus luisants que ceux de son père qui se sont un peu ternis dans les ruines mexicaines.

– Il est loin de posséder ton équilibre, confie Mercier à Khéops, mais s'il s'assagit encore un peu nous réussirons à en faire quelqu'un de bien... Toi et moi...

Le pompier, partagé entre son travail à la caserne Forty et le perpétuel perfectionnement de Khéops, ne sent pas le temps passer.

– Tu vas être décoré, lui annonce bientôt un planton de la caserne Forty, la cérémonie va se dérouler à la préfecture de Nice...

Khéops est naturellement de la fête, comme Dolly, la chienne dont le maître est décoré lui aussi, et Satan, Rancho et Hugo, les trois bergers de Patrick Villardy. Pensa, le commissaire de la République des Alpes-Maritimes, épingle quatorze médailles d'argent et de bronze pour actes de courage et de dévouement.

— C'est à nous, souffle Alain Mercier à son chien qui est assis tout contre sa jambe.

Puis il reçoit sa médaille au ruban jaune orangé avec liséré bistre et serre la main du commissaire de la République en entendant à peine ses félicitations. Aussitôt que le préfet est passé à son voisin, Mercier retire sa décoration, se baisse, et la plante dans le collier de Khéops.

— C'est toi qui l'as gagnée, chuchote-t-il au berger sans se soucier du voisinage figé, c'est donc toi qui dois la porter !

Le préfet fait un discours, les chiens s'énervent un peu sous les flashes des photographes. Audiffren a pris la pose à genoux près de Dolly, à droite du colosse d'Intervilles qui tient d'une poigne ferme les trois laisses de ses bergers. Alain Mercier est placé entre ses amis, devant le commissaire de la République et le préfet Costa, le directeur général des services départementaux.

— Montre-la bien ta médaille, conseille-t-il à Khéops lorsqu'un photographe de *Nice-Matin* les mitraille, il faudrait qu'elle se voie bien dans le journal...

Après le rite de la photo, des coupes circulent de main en main.

— Allez, décide Alain Mercier qui n'est jamais à l'aise dans ce genre de manifestations, on file...

La photo des récipiendaires paraît dans *Nice-Matin* deux jours après la remise des médailles.

— Tu es trop noir de poil pour qu'on te voie bien, mon Khéops, remarque Alain Mercier, ce n'est pas ta faute... Mais les gens verront que je ne porte pas de décoration, ils comprendront qu'elle est à ton cou...

L'injustice qui a fait oublier les chiens dans les récompenses est vite réparée. Le maître de Khéops reçoit bientôt une convocation pour se rendre à Lyon.

— Encore une médaille, annonce-t-il après avoir lu la lettre officielle, mais celle-là, elle est pour toi, le chien... Lyon, c'est un peu loin, mais nous irons!

La cérémonie se déroule le dimanche 9 février 1986, dans la salle des fêtes de la mairie du quartier de La Part-Dieu. Charles Hernu remet les médailles aux quelques chiens jugés dignes d'être récompensés par le jury national de la SPA.

— Moi, se réjouit le maître de Khéops lorsque les récipiendaires à quatre pattes ont été appelés sur la scène, je n'ai eu droit qu'à un préfet... Toi, c'est un ancien ministre qui va te décorer... Tu le mérites bien...

Charles Hernu se penche sur le chien qui précède Khéops. L'animal s'ébroue lorsque le maire de Villeurbanne passe un ruban bleu en sautoir autour de son cou. Il se lève, redresse la queue, bâille, s'accroupit comme s'il était en plein air, et dépose sur les lattes de la scène un énorme pâté malodorant. Des rires mal retenus saluent l'incongruité. Charles Hernu rit lui aussi de bon cœur.

— Eh bien, toi au moins, constate-t-il, on peut dire que tu n'es pas émotif!

Et il passe à Khéops qui se tient bien mieux que son voisin. Un speaker précise pourquoi le berger va recevoir sa médaille de sauvetage. Alain Mercier n'a jamais été aussi fier de sa vie lorsqu'un tonnerre d'applaudissements monte vers la scène.

L'escapade lyonnaise est brève. Les Mercier repartent vers Menton le gala achevé.

La vie du pompier et sa routine reprennent dès le lendemain pour le maître-chien et son compagnon. Elle dure jusqu'au mois d'avril 1986. Le couple retrouve alors les tumultes de l'Open de Monte-Carlo, puis, un mois plus tard, ceux du Grand Prix de formule 1.

Des avions américains ont bombardé la Libye le 15 avril. La caserne Bab el-Azizia, la résidence du colonel Muammar al-Kadhafi a été touchée. Des menaces de représailles planent sur toutes les bases militaires du bassin méditerranéen. Les autorités voient des terroristes partout. Un colonel de gendarmerie a regardé Khéops travailler à Roquebrune à la recherche des explosifs. Le calme impérial du chien et, surtout, sa capacité à retrouver des charges cachées dans les endroits les moins évidents, l'ont conquis.

— Pourriez-vous assurer le même travail lors d'une journée portes ouvertes que nous allons monter à la base du mont Agel? demande-t-il à Alain Mercier.

Le maître-chien cherche sans cesse de nouvelles expériences pour Khéops.

— Pas de problème, mon colonel, accepte-t-il, vous n'avez qu'à demander notre concours à mon chef de corps.

L'autorisation est accordée. Khéops monte à la base du mont Agel, qui est hérissée de radars géants braqués à la recherche des missiles promis par Kadhafi. Il inspecte avec son maître des installations sophistiquées, puis offre une démonstration de son talent devant un aréopage d'officiers concernés par la lutte antiterroriste.

— Nous avons des chiens de guerre sur le site, précise un commandant en calot d'aviateur, mais aucun d'eux n'aurait été capable de retrouver un pain de plastic dans une camionnette comme vient de le faire votre berger...

Khéops couine en s'ébrouant pour faire signe qu'il voudrait jouer encore à retrouver de l'explosif.

— Si vous le voulez bien, propose l'officier chargé des défenses de la base, nous allons maintenant visiter les locaux réservés à la garnison...

Khéops marche librement à quelques mètres devant son maître qui écoute les explications de l'officier. Il disparaît à l'angle d'un mur d'où jaillissent soudain à la course trois aviateurs en treillis. Deux autres soldats passent au ras du mur, tout aussi pressés que les trois premiers.

— On dirait qu'il y a du grabuge, s'inquiète soudain Alain Mercier en accélérant le pas, pourvu que mon Khéops ne se soit pas énervé contre tant d'uniformes...

L'officier le suit. Des appelés s'égaillent entre des véhicules bien alignés. Khéops a disparu.

— Qu'est-ce qui a pu se passer? s'inquiète son maître.

Puis il comprend. Khéops est planté bien droit, détendu et silencieux, à la porte d'un réfectoire d'où s'évadent de sympathiques odeurs de cuisine. Des aviateurs passent par les fenêtres du local qui est bientôt vide de tous ses occupants.

— Ils ont pris votre Khéops pour un de nos chiens de guerre, explique l'officier hilare lorsque Mercier a passé sa laisse au cou du berger étonné de ce remue-ménage. Il y en a qui réussissent de temps en temps à s'échapper de leur chenil... Ils attaquent alors tous ceux qui passent à leur portée...

Le calme revient. Le maître-chien suit son guide vers le chenil des molosses de l'armée. Un formidable concert d'aboiements salue l'arrivée de Khéops.

— Ils n'avaient pas tort les fuyards de tout à l'heure, se rend compte Alain Mercier, ils n'ont pas l'air commode, les copains! Qu'est-ce que ça doit être quand ils sont lâchés... Dire que mon chien aurait pu faire le même métier que ces tueurs ! Tout n'est qu'une question d'orientation dans le dressage... Il l'a échappé belle!

29

Panique sur la grande échelle

Les pompiers de la caserne Forty participent aux fêtes du port à Menton. Ils amènent auprès de l'eau une carcasse de voiture dont ils se servent pour des simulacres de désincarcération. La foule applaudit à leurs manœuvres. Lorsque l'exercice est terminé, l'épave est arrosée de carburant et incendiée. Des volutes de fumée brune s'élèvent d'un bouquet de flammes ronflantes. Les pompes entrent en action. Le feu est éteint en quelques jets bien dirigés, et l'aurait été plus rapidement encore s'il n'avait fallu le laisser vivre un peu pour faire durer le spectacle.

— Ils sont contents les estivants, remarque Alain Mercier qui tient Khéops à quelques mètres du brasier crépitant. Ça va être à nous !

La grande échelle se déploie alors que les applaudissements ne sont pas terminés. Elle est vite dressée. Le public a deviné un numéro inhabituel. Il se tait. Khéops et son maître se postent au-dessous du long et étroit escalier de dentelle d'acier qui s'élance à l'assaut d'un ciel sans nuages. Le maître-chien défait la laisse du berger.

— Allez, le chien, monte !

Khéops effleure à peine les premières marches de l'échelle haute de plus de trente mètres. Le piétinement de ses coussinets ne faiblit pas jusqu'à une douzaine de mètres. Il se retourne alors vers son maître, considère le public silencieux, et reprend un peu moins rapidement l'escalade.

— Il comprend que les gens sont heureux de le voir travailler, se rend compte Alain Mercier qui gravit les degrés argentés à deux mètres au-dessous de son compagnon.

Khéops parvient sans efforts à plus de quinze mètres. Il s'arrête une seconde fois pour reprendre son souffle, pattes bien écartées et langue pendante. Son maître le sent haleter de plus en plus fort. Un murmure monte dans les rangs serrés des spectateurs qui se tordent le cou pour ne rien perdre de l'escalade contre nature. Le chien s'est arrêté. Il est minuscule dans la clarté du soleil. Des gosses lui crient des encouragements. Il repart à l'assaut de l'échelle qui se rétrécit de mètre en mètre sous ses pattes de plus en plus mal assurées.

— Jusque-là, évalue son maître, il n'y a pas trop de mal… Il a l'air de vouloir continuer…

Le berger s'élève encore de quelques mètres.

— Aïe, souffle Mercier en le voyant ralentir une nouvelle fois, il ne faudrait plus qu'il s'arrête ! Il est trop haut maintenant… Il risque de paniquer.

Khéops serre les pattes de derrière sous le lent balancier de sa queue en panache. Il ne conquiert plus qu'un degré après l'autre, en marquant chaque mètre d'avance. Il dépasse bientôt les vingt mètres. Conscients de l'exploit, les spectateurs retiennent leur souffle.

— Il n'est jamais monté aussi haut, se rend compte Alain Mercier, je vais me coller à lui pour l'encourager…

Une voix énervée s'élève de la foule :

— On ne voit plus rien !

Le pompier essaye de savoir qui a poussé le cri imbécile, laissant ainsi l'acrobate prendre du champ pour la plus grande satisfaction des badauds.

— Je commence à me faire du souci pour lui, grommelle-t-il en le rejoignant, il est visiblement mort de trouille, le pépère !

Khéops n'a plus qu'une solution pour sortir de la fâcheuse situation dans laquelle sa volonté de faire plaisir à son maître l'a poussé, il lui faut grimper encore plus haut !

— Allez, le chien, s'entend-il conseiller, tiens le coup... Encore cinq mètres et tu pourras redescendre... Regarde : les copains t'attendent !

Deux sapeurs se sont coulés dans la nacelle de récupération qui suit la flèche de la grande échelle. Ils retiennent eux aussi leur souffle en se tenant prêts à recueillir l'équilibriste.

— Attention, crie soudain l'un d'eux lorsque les pattes du chien ripent sur la dentelle de plus en plus étroite, il va tomber !

Personne dans le public ne s'est aperçu du drame qui se joue pour sa plus grande satisfaction. Alain Mercier colle son épaule sous l'arrière-train de Khéops qui roule des yeux fous.

— Il faut que je réussisse à le calmer, souffle-t-il en regrettant soudain d'avoir entraîné son compagnon dans l'aventure, il faut qu'il tienne le coup... Plus que cinq mètres !

Un dialogue poignant s'engage entre l'homme fou d'appréhension et le chien au cœur affolé.

— Je suis là, le pépère, je suis là, murmure le pompier, calme-toi !

Le chien gémit.

— Ne regarde pas en bas... Je t'en prie !

Khéops se plaint un peu plus fort.

— Tiens le coup ! Avance encore un peu, tu sens bien que je te retiens...

Le berger lève tout doucement une patte avant, se hisse sur quelques centimètres, tout juste assez pour gagner encore un degré sur sa peur. Puis, fou d'orgueil, il avance encore, lentement, très lentement. Le silence se fait de plus en plus lourd autour du véhicule rutilant qui supporte la grande échelle. Seuls, les compagnons du maître-chien se sont aperçus de quelque chose.

— Allez, s'entend encore encourager l'acrobate en pleine panique, il faut y aller... Pour moi !

Le chien fouille dans le tréfonds de ses ressources. Il dresse son museau vers le ciel bleu et, ivre de terreur, grignote un à un les derniers degrés dentelés de l'échelle. Les badauds sont devenus tout petits. Khéops s'arrête pour de bon au-dessus d'eux et se risque à regarder encore vers son maître.

— Il est à bout, s'aperçoit Alain en l'agrippant par les poils, cette fois il ne peut plus avancer ! Mon Dieu, qu'est-ce que j'ai fait ?

Le pompier est un équilibriste parfait que l'émotion ne risque pas de dérégler. Il fait un signe aux deux pompiers qui attendaient dans la nacelle et il empoigne solidement Khéops par le collier.

— Attrapez-le, crie-t-il en s'arc-boutant acrobatiquement pour assurer la descente de son ami, faites gaffe !

Les sapeurs sont bien placés à la parade. Khéops est vite serré entre leurs jambes. Son maître le rejoint en se faisant tout petit. Le public exorcise la fascination qui l'avait tenu en haleine en applaudissant longtemps l'exploit de l'animal apeuré.

— Viens, on va se détendre, souffle Mercier à ce dernier lorsque l'échelle a été repliée, tu l'as bien mérité !

Les salves d'applaudissements perdurent. Khéops semble ailleurs. Son maître met la tête contre son flanc pour écouter son cœur battre.

— Bon sang, s'étonne-t-il, je n'ai jamais entendu ça...

Le cœur affolé donne un roulement presque continu. Khéops a les yeux révulsés. Ses pattes le portent en mouvement difficilement.

— Pardon, murmure son maître tout près de son oreille, pardon le chien... Je n'aurais pas dû te faire monter si haut...

Le berger reprend vite le dessus. Il est soudain joyeux, très heureux d'avoir étonné son maître.

– J'aime mieux ça, se réjouit Alain en l'entraînant loin du groupe compact qui s'est formé autour de leur couple.

Quelques badauds parlent de record. D'autres comprennent que le chien a souffert. Alain Mercier et Khéops sont allés récupérer au bord de l'eau. Une étrange lueur demeure longtemps dans le regard noisette du berger. Son cœur a bien du mal à retrouver son rythme normal.

– J'ai bien peur de l'avoir bousillé, gronde alors Alain Mercier, pourvu que ça ne soit pas trop grave !

30

Recherche à la frontière italienne

Deux mois ont passé. La dangereuse acrobatie n'est plus qu'un mauvais souvenir. Alain Mercier observe les réactions de Khéops au cours de longues séances de perfectionnement.

— Nous allons courir dans la montagne, annonce Mercier après une nuit de service, ça va nous faire du bien à tous les deux... Et j'avancerai un peu le chantier de Castillon...

La journée de solitude passe vite. Khéops est en pleine forme en revenant au soir à la tour Azur-Parc. Il dévore le contenu de sa gamelle, puis il s'allonge sur la terrasse après en avoir chassé Khéphren d'un coup de museau. Le téléphone l'arrache, un peu après vingt heures trente, à ses rêveries de chien heureux. Il regarde Marielle décrocher, puis dresse les oreilles lorsque cette dernière appelle Alain.

— C'est la caserne ! entend-il en se relevant tout à fait pour aller aux nouvelles.

Le mot caserne fait partie du vocabulaire courant du berger. Il comprend tout de suite qu'il faut partir en recherche.

— Dommage que tu aies déjà mangé, regrette son maître en l'entraînant vers sa voiture, nous allons travailler dans la montagne... Cette fois c'est à Breil-sur-Roya.

Le nom du village ne dit rien au chien. Pour lui, seule compte la certitude du départ.

Mercier conduit très vite dans les interminables lacets qui mènent de Menton à Sospel, puis continue par le col de Bouis pour redescendre ensuite sur Breil par la route de Vintimille qui longe la Roya en sortant des gorges de Saorge.

Il fait nuit noire lorsqu'il arrive au village tout proche de l'Italie. Des gendarmes l'attendaient pour lancer les recherches.

– C'est un petit vieux de l'hospice qui a disparu, lui apprend-on, il a filé au début de l'après-midi... Les premières battues n'ont rien donné.

Khéops a reconnu Hennot de loin. Le berger de Serge Mignotty l'a vu lui aussi. Il gronde légèrement comme il en a l'habitude, pour bien marquer qu'il est plus vieux de deux ans. Mercier est pressé de se mettre en piste.

– Quels sont les secteurs qui ont déjà été fouillés? s'enquiert-il auprès des gendarmes de Roquebrune et de Sospel. Ce n'est pas la peine de perdre du temps...

Un gradé indique sur une carte le parcours des patrouilles de la fin de journée.

– Bon, décide alors Mercier, il faut tout reprendre en repartant de l'hospice...

Le directeur de l'établissement le conduit vers la chambre du disparu. Le pompier ne trouve qu'un lit sans draps.

– C'est le jour du changement de linge, lui explique son guide, tout est parti à la buanderie...

Khéops tourne dans la chambre aseptisée.

– Tu dois te contenter du matelas pour t'imprégner de son odeur, mon pépère, lui fait remarquer son maître en le laissant prendre tout son temps.

Khéops estime qu'il en sait assez sur le disparu. Il entraîne Mercier vers la cage de l'escalier où sont massés des pensionnaires curieux.

– Oh, doucement, est obligé de le retenir Alain, tu ne vas pas me faire croire que tu tiens déjà la piste...

Le couple traverse un parc sombre.

— L'autre chien est parti sur une autre piste, dit-on au pompier, il est tout à fait au bout du parc...

La remarque ne trouble pas le maître-chien. Il hausse les épaules. Khéops le mène aux abords d'un bâtiment de deux étages d'où ne s'évade aucun rai de lumière.

— Est-ce qu'il y a du monde dans cette baraque ? s'inquiète Mercier tandis que Khéops renifle très fort à l'entrée de la bâtisse fermée à clef.

— Non.

— Pourrait-on y entrer ? Mon chien a l'air de penser que votre bonhomme est passé par là...

Personne n'a les clefs de l'endroit isolé.

— D'ailleurs, précise un employé de l'hospice, les gendarmes l'ont fouillé il y a deux heures à peine... Alors...

Khéops s'entête. Il frotte du nez sur la porte close, puis s'engage en jappant sous un escalier de bois.

— S'il réagit comme ça, précise Mercier au directeur de l'hospice qui l'a rejoint, c'est que le disparu a séjourné là-dessous... Il n'y a pas de doute !

Le chien ressort de sous l'escalier, recolle le museau au sol, et dirige cette fois la recherche au travers d'un jardin potager aux planches bien alignées.

— Il la tient bien sa piste, se réjouit Mercier en prenant garde à ne pas piétiner le travail des jardiniers, il nous mène droit sur le disparu !

Des lampes électriques balayent le jardin. Khéops les ignore. Son museau ne quitte pas de dix centimètres le sol lisse. Il fait soudain un formidable saut de carpe et s'immobilise, nez collé contre un large crapaud à la gorge tremblotante.

— C'est foutu pour ce soir, râle Alain, cette malheureuse bestiole l'a totalement déconcentré...

Le crapaud fuit les traits de lumière qui l'encadrent en sautillant gauchement. La recherche s'immobilise. Les gendarmes échangent leurs impressions pendant que Khéops retrouve difficilement son calme.

— On continue du côté où voulait nous emmener le chien, décide ensuite l'un d'eux, nous allons peut-être tomber sur notre bonhomme...

Khéops se remet en piste sans conviction.

— N'insiste pas, le pépère, lui conseille bientôt Mercier, tu n'y arriveras plus... Saleté de crapaud !

La traque vaine s'éternise. Le second groupe revient vers l'hospice. Il est deux heures. Mercier et ses compagnons abandonnent les recherches à leur tour.

— Nous avons des chambres libres, leur annonce le directeur de l'hospice, nous pouvons vous héberger... Vous serez tout de même mieux que dans vos véhicules...

Les gendarmes acceptent. Alain Mercier partage une chambre avec trois d'entre eux et Khéops s'endort sous sa couche étroite. Les recherches doivent reprendre au matin sur les bords de la Roya qui chante à quelques dizaines de mètres seulement.

L'hospice s'anime bien avant l'heure prévue. Des cris résonnent dans les couloirs. Alain Mercier est vite sur pied.

— Nous l'avons retrouvé, claironne une voix énervée, nous l'avons retrouvé !

Khéops s'éveille.

— Ils ne crieraient pas comme ça s'il était mort, leur copain, se réjouit son maître, viens, on va voir...

Le directeur de l'hospice rayonne :

— Nous venons de le découvrir, annonce-t-il à Mercier, il était endormi à quelques mètres seulement de l'endroit où votre chien a buté sur le crapaud... Il ne lui a manqué que quelques secondes pour le retrouver...

Le maître de Khéops flatte machinalement son limier.

— Tu avais encore raison, mon petit vieux... Quel dommage que ton copain le crapaud t'ait foutu une pareille trouille...

Du café et des tartines beurrées circulent dans le groupe des sauveteurs. Les gendarmes sont prêts à quitter les lieux.

— Est-ce que vous pourriez nous présenter l'homme qui

a été retrouvé ? demande Alain Mercier au directeur avant de quitter l'hospice. Ce serait bon pour les chiens...

Tout à la joie d'avoir récupéré son pensionnaire indemne, le directeur ne saisit pas tout de suite le sens de la requête, mais il accepte d'appeler le fugueur.

— Mélangez-le à d'autres pensionnaires, demande alors le maître de Khéops, nous allons voir si mon chien va le retrouver...

Puis le pompier fait de nouveau sentir le matelas du vieil homme à Khéops.

— Cherche, le chien ! lui ordonne-t-il.

Le berger file comme la veille dans l'escalier, jaillit telle une fusée hors de l'hospice, colle son museau sur la terre humide de rosée, passe entre les jambes serrées des pensionnaires qui ont accepté de jouer le jeu autour de leur compagnon retrouvé. Il se plante résolument devant ce dernier en aboyant joyeusement.

— Il ne s'est pas trompé, se réjouit Mercier en le laissant longtemps renifler le vieil homme tout souriant de l'aventure, sacré pépère...

Le chien est aux anges. Il piétine nerveusement devant le vieillard, file vers son maître en frétillant de tout son corps, et ne sait vraiment pas quoi inventer pour partager son bonheur avec lui.

— C'est meilleur que de retrouver des cadavres, lui chuchote Mercier une fois qu'ils sont seuls.

31

La dernière sortie

L'année 1987 se passe presque sans soucis pour les Mercier. Khéphren est devenu bien plus grand que son père, mais il lui témoigne toujours le respect dû aux anciens. La ruine de Castillon a belle allure au printemps 88. Il ne lui manque plus grand-chose pour être habitable.

Alain Mercier prépare à nouveau Khéops pour l'Open de Monte-Carlo qui débutera dans quelques jours.

Le berger reprend le collier chez le prince Rainier. Tout se passe bien pendant les deux premiers jours du tournoi, mais dès le jeudi 21 avril, Khéops donne des signes de fatigue inhabituels.

— Je me demande ce qu'il a, s'inquiète Alain en étudiant la baisse de tonus, il a peut-être bouffé une saleté sans que je m'en aperçoive... Ce n'est pourtant pas son genre de fouiller dans les poubelles !

Le travail continue, de plus en plus pénible pour le berger au regard devenu atone.

— Il n'en peut plus, confie bientôt son maître à François Rostolland, qu'est-ce que tu en penses ?

— C'est peut-être la chaleur, avance le CRS de Briançon, tu devrais le laisser se reposer un peu...

Alain Mercier ramène le limier de plus en plus las à son break stationné à l'entrée D du Sporting.

— Repose-toi, mon vieux, conseille-t-il une fois que le chien a lapé un peu d'eau fraîche à contrecœur et qu'il s'est installé à l'ombre dans le véhicule. Je reviendrai te chercher dans une petite heure...

Le maître-chien croise le regard de Khéphren qui n'a pas manifesté sa joie habituelle au retour de son père.

— Après tout, se dit-il en faisant sortir le grand chien de la voiture, il en sait maintenant assez pour remplacer son père pendant quelques heures...

Khéphren est tout fier en pénétrant dans le Sporting. Il a rejoint Khéops dans la hiérarchie des limiers. Alain Mercier, tout à son angoisse au sujet de Khéops, ne se rend pas compte que son nouveau compagnon prend son rôle très au sérieux en fouinant sous les gradins noirs de monde.

— Je me demande si je peux vraiment te faire confiance, lui dit-il très injustement, tu ne vaux pas ton père...

Khéphren ne laisse rien passer dans son inspection. Il connaît lui aussi l'étrange senteur des explosifs, mais ne la retrouve pas dans les quelques sacs abandonnés que ramènent à son maître des vigiles de Monte-Carlo.

La fin de la journée s'écoule sans alerte véritable. Alain Mercier n'est pas fâché de pouvoir enfin ramener Khéops à Menton.

— Il a eu un petit coup de chaleur, annonce-t-il à Marielle pour ne pas lui faire partager ses inquiétudes. S'il continue à bouder demain, je trouverai un moment pour le mener chez Weill...

Le lendemain, c'est le vendredi 22 avril, le jour anniversaire du maître-chien qui se prépare à fêter ses trente-cinq ans avec sa petite famille.

— Marielle va certainement nous préparer une surprise pour ce soir, annonce-t-il joyeusement à Khéops qui a repris le travail avec un peu plus d'allant. Trente-cinq ans, ça compte dans la vie d'un homme !

La journée passe vite dans le tumulte monégasque.

La table de fête est dressée dans la longue salle à manger des Mercier. Les deux petites filles sont tout excitées par les préparatifs. Le téléphone sonne à l'heure de passer à table et d'ouvrir les cadeaux. Alain et Marielle échangent un regard où passe la crainte d'un départ en mission.

— Décroche, va, on verra bien !

Marielle grimace de dépit en entendant la voix d'un pompier.

— C'est ce que je craignais, avoue-t-elle en tendant le combiné à son mari, tu vas sûrement être obligé de partir...

Les petites filles ont compris elles aussi. Elles boudent pendant que leur père, mine fermée, prépare rapidement son matériel. Khéops a retrouvé toute sa fougue dès qu'il a compris le départ en recherches.

— Ce ne sera peut-être pas long, avance le maître-chien au moment de sortir de l'appartement, vous pourriez peut-être m'attendre deux ou trois heures...

Le ton n'y est pas. Marielle sait que Puget-Théniers, le village où doit se rendre le sauveteur, est à quarante kilomètres au nord de Grasse. Elle devra fêter l'anniversaire de son mari sans lui.

Thierry Boulanger attendait Khéops et son maître à la caserne Forty.

— Est-ce que je peux venir avec toi, demande-t-il, je conduirai...

Mercier accepte volontiers l'aide du maître d'Ulla. Khéops embarque dans un minibus rouge.

— On dirait qu'il en veut à nouveau, se réjouit son maître lorsque le petit car prend la route de Nice, il m'a foutu la trouille au Sporting...

Les deux hommes parlent de leurs chiens. Encore et toujours de leurs chiens. Le minicar longe le Var, franchit le défilé du Chaudan. Puget-Théniers s'étale au confluent de la Roudoule et du Var. Boulanger repère très vite l'ancien hôpital transformé en hospice. Une surveillante reçoit les deux hommes devant la bâtisse à trois étages qui se dresse au bord d'un parc.

— C'est une de nos pensionnaires qui a disparu, leur annonce-t-elle, on nous a dit qu'elle est partie par là...

Par là, comme elle l'indique du bras, c'est au large de la vieille ville qui surplombe la Roudoule. Le pompier grimace.

— C'est bien vague comme renseignement, j'espère que les gendarmes m'en diront un peu plus...

Le palabre professionnel ne dure pas longtemps.

— Bon, décide Mercier lorsqu'il s'achève, je vais sortir mon chien.

Khéops est demeuré en attente au fond du minicar rouge. Il ne bronche pas lorsque son maître s'empare de son harnais souple de cuir brun. Il ne manifeste pas plus d'intérêt pour l'ordre qui lui enjoint de sauter hors du véhicule. Son maître est perplexe.

— Il n'a jamais fait ça de sa vie, confie-t-il à son compagnon de la caserne Forty, il couve vraiment quelque chose de louche...

Le maître-chien est obligé de répéter par deux fois l'ordre qu'il n'a même pas besoin de donner d'habitude. Khéops se laisse enfin tomber au sol. Il avance lentement vers le harnais en penchant la tête de côté, comme pour implorer encore un peu de répit.

— Allons, le chien, l'encourage son maître en agitant le harnachement, vers lequel Khéops sautait toujours avec enthousiasme, viens... Il faut retrouver la vieille dame !

Le berger considère le cuir, baisse la tête, ramasse sa queue sous son ventre, et retourne à pas lents vers le car en regardant par trois fois derrière lui d'un air navré.

— Ça alors, gronde alors Mercier, cette fois, je suis sûr qu'il a quelque chose de grave... Il n'a jamais rechigné au travail... Tout au contraire !

Le chien s'est difficilement hissé dans le Master-Renault. Et il refuse d'en bouger.

— Je ne sais pas ce qu'il a, explique son maître aux gendarmes qui s'impatientent, mais il ne va pas pouvoir travailler...

Les recherches commencent sans le limier amorphe qui respire mal au fond du car.

— On attend tout de même ici, décide Mercier qui a tout à fait oublié son anniversaire raté, il va peut-être reprendre le dessus...

Thierry Boulanger ne répond rien. Il fixe le berger allongé sur le flanc. Un brouhaha annonce bientôt que la femme a été retrouvée dans un bosquet.

— On file, décide tout de suite le caporal-chef sans prendre le temps de saluer les gendarmes, ramène-nous en vitesse à Menton !

Thierry Boulanger obéit. Le Master avale les kilomètres à vive allure. Alain Mercier est avant minuit à la tour Azur-Parc. Les petites filles dorment depuis longtemps. Il fait tristement honneur à son repas d'anniversaire. Marielle se doute que les choses n'ont pas bien marché, mais elle ne pose pas de questions.

— On se couche, décide son mari taciturne, nous devrons être de bonne heure à Monte-Carlo... Le travail n'est pas encore terminé...

Khéphren vient renifler son père à plusieurs reprises.

— Toi aussi, tu es inquiet, lui souffle son maître avant d'éteindre la lumière de la salle à manger, qu'est-ce qu'il peut bien avoir ?

Khéops a retrouvé un peu de sa joie de vivre à l'aube du samedi 23 avril. Son maître, qui avait envisagé de ne pas l'emmener au Sporting et de travailler avec Khéphren, change d'avis en le voyant requinqué.

— Tu viens avec nous, le pépère, décide-t-il, mais je ne

vais pas t'engager beaucoup... Sauf s'il y a vraiment du louche.

Le maître-chien est aux petits soins pour le malade tout au long de la matinée. Il ne le sort que deux fois, et vient souvent le trouver dans son break pour lui donner à boire.

— Mais tu ne veux même pas d'eau ! s'étonne-t-il bientôt lorsque le chien détourne le museau de sa gamelle, tu devrais pourtant avoir soif avec la chaleur qu'il fait ! Je vais téléphoner à Patrick Weill...

Le vétérinaire écoute le récit des malheurs de Khéops.

— Venez me voir en début de semaine si cela ne s'arrange pas, décide-t-il, ce n'est sans doute pas grave...

Alain Mercier repose le combiné de la cabine publique surchauffée dans laquelle il s'est difficilement coulé avec Khéphren.

— J'espère que le véto n'a pas voulu seulement me rassurer, craint-il en sortant de l'étuve vitrée.

Khéphren remplace son père pendant les deux dernières journées du tournoi. Khéops récupère un peu au soir du dimanche.

— Nous irons tout de même chez le vétérinaire demain matin, lui annonce son maître, il faut qu'il te donne quelque chose pour te remonter...

Alain ne dort pas beaucoup. Il revoit tout au long de la nuit les moindres détails de la vie de son chien.

— Pourvu qu'il ne soit pas en train de payer ses efforts du Mexique, envisage-t-il plusieurs fois au cours de ses insomnies, je l'ai peut-être poussé à bout...

Khéops est chez Weill avant l'ouverture de la clinique qui fait face, à Monte-Carlo, au garage Rolls-Royce. C'est Patrice Longourd, l'assistant du vétérinaire, qui reçoit son maître.

— Pour moi, conclut-il après avoir longuement examiné le berger et écouté le récit du pompier, il souffre d'une petite insuffisance rénale... Mais il faut faire des analyses de sang pour en être certain.

Khéops subit sans broncher la prise de sang. L'assistant de Weill tend un flacon de liquide tiède au maître-chien.

— Il nous faut les résultats au plus vite, lui recommande-t-il, nous ne pouvons rien faire au hasard... En attendant, nous allons mettre Khéops sous perfusion.

Le maître-chien sent le sol se dérober sous lui.

— Ça ne sera rien, le rassure l'assistant de Weill, il ne va pas souffrir...

Alain Mercier se saisit du flacon.

— Je vais voir le capitaine Laporte, se propose-t-il en roulant à une vitesse inhabituelle sur la route de Menton. Comme il est pompier volontaire et que son frère est pharmacien-biologiste, il va me faciliter les choses...

Le pharmacien apprend les malheurs de Khéops avec un intérêt navré.

— Revenez à midi, annonce-t-il, les analyses seront prêtes...

Alain Mercier prend à peine le temps de déjeuner, récupère le résultat des analyses, et se présente à la clinique de Weill à quatorze heures.

Khéops est tout ragaillardi par la perfusion. Patrice Longourd déchiffre en une seconde les résultats des analyses.

— C'est bien ce que je pensais, reconnaît-il, Khéops souffre d'une insuffisance rénale...

Patrick Weill arrive à son tour. Il consulte lui aussi les analyses du laboratoire de Menton. Il hoche la tête, plante son regard franc dans les yeux du maître-chien.

— Il a un taux d'urée beaucoup trop élevé, avoue-t-il. Nous devons lui faire subir une dialyse péritonéale...

Le pompier serre les mâchoires en caressant Khéops sur le crâne. Il réfléchit trois secondes, et admet le traitement de choc.

— Vous allez nous le laisser, lui conseille alors le vétérinaire. Revenez demain matin... Nous y verrons bien plus clair...

Alain Mercier plonge dans un mauvais rêve. Il a une fois

pour toutes accordé sa confiance au vétérinaire, qui ne se contente pas de calmer les éternuements des chiens de luxe de la Jet Society mais soigne avec autant de passion les animaux des gens moins fortunés.

— Tu es entre de bonnes mains, confie-t-il à son chien, Patrick t'aime beaucoup... Il va bien te soigner... Ne t'en fais pas, mon pépère, je serai là demain très tôt !

Khéops se sait en sécurité à la clinique du boulevard Princesse-Charlotte. Il laisse partir son maître sans faire mine de vouloir le suivre, et subit sans manifester la moindre crainte le rituel de la dialyse.

32

La chaîne de l'amitié

La dialyse donne de bons résultats. Khéops est normal lorsque son maître vient le chercher. Il lui fait une fête digne, sans grandes manifestations d'exubérance, toute en nuances et en codes que seul le maître retrouvé peut comprendre.

— Tu es mieux, le chien, reconnaît Alain, marqué par une nuit d'insomnie, on file à la maison... Maintenant tout va bien se passer... Les petites filles t'attendent!

Il est dix-huit heures, le pompier ramène vite son ami à la résidence Azur-Parc. Khéops mange normalement. Il joue même un peu avec son fils. Le spectre de la maladie grave s'éloigne. Le visage lisse d'Alain Mercier a perdu toute ombre d'angoisse.

— Tiens, se souvient Mercier au moment de se mettre à table, j'ai oublié de demander à Weill le résultat de la nouvelle analyse qu'il a commandée hier... Je lui téléphonerai demain.

L'ambiance est joyeuse chez les Mercier. Les petites filles jouent avec les chiens, surtout avec Khéops dont elles n'avaient pas compris l'absence. Puis elles se couchent.

Le chien s'est paisiblement allongé contre le canapé de cuir sur lequel il n'est jusque-là jamais monté. Il s'endort.

Marielle et son maître ne le quittent pas du regard. Il est beau, à la fois confiant et rassurant. Il est vingt-deux heures. Khéops se met tout à coup à ronfler. Puis il gémit tout doucement. Soudain repris par la hantise d'une maladie grave, Alain se penche sur lui. Il prend doucement dans ses mains la tête de son ami qui semble plongé dans un rêve de chiot.

— Il s'en va, se rend-il compte en le sentant s'amollir, il est en train de mourir !

Et il appelle Marielle qui était déjà passée dans la chambre à coucher.

— Regarde, lui souffle-t-il d'une voix brisée par l'émotion, il a l'œil blanc... Il part !

Habitué à la mort, le pompier repose la tête de son ami sur le cuir frais.

— J'appelle Michel Kramer, se décide-t-il, il est sûrement en veille à son standard.

L'ambulancier-vétérinaire est à l'écoute à Beausoleil.

— Michel... Ecoute-moi bien : Khéops est en train de mourir ! lui annonce d'emblée le pompier qui serre son combiné à s'en faire mal. Préviens Weill... J'arrive tout de suite !

Puis il prend tout doucement dans ses bras le berger sans connaissance en faisant bien attention de ne pas le faire souffrir.

— Marielle ! Ouvre-nous la porte !

La jeune femme obéit comme un automate. Elle ne peut même pas prononcer une parole d'encouragement.

Alain Mercier traverse Monte-Carlo à tombeau ouvert. Patrick Weill l'attendait à sa clinique.

— Je le remets sous dialyse, décide-t-il en guidant le pompier jusqu'à sa table de chirurgie, tout est déjà prêt...

Le berger ne réagit pas.

— Au fait, se souvient son maître qui ne le quitte pas du regard, vous avez eu les résultats des dernières analyses ?

Le vétérinaire a les traits durcis. Il hésite à répondre. Il fait seulement un mouvement de tête tout en surveillant la dialyse.

— Vous les avez, ou pas, insiste alors le maître-chien, qu'est-ce qui se passe ?

Le ton d'Alain Mercier est rude.

— Oui, avoue le praticien.

— Pourquoi ne me les avez-vous pas donnés ?

— Parce qu'ils ne sont pas bons !

Le maître-chien grimace.

— Son taux d'urée monte rapidement, poursuit le vétérinaire.

Alain accuse le choc. Il fixe, incrédule, le chien inerte qui subit la dialyse sans donner aucun signe de vie.

— Dites-moi la vérité, implore-t-il, je veux savoir ce qu'il a vraiment... Il va s'en sortir ?

Patrick Weill pèse ses mots, hésite à donner un avis définitif, puis, regardant son ami dans les yeux, il avoue :

— Non, Alain ! Il ne lui reste plus que trois jours à vivre...

Mercier ferme les yeux. Il serre les poings, crispe les mâchoires à l'extrême. Puis il regarde à nouveau son compagnon de sept ans de bonheur et, refusant l'inéluctable, il décide de tout tenter pour le sauver.

Khéops commence à réagir à la dialyse.

— Je ne te laisserai pas mourir comme ça, tranche-t-il d'un ton qui ne supporte pas la contradiction, il y a certainement quelque chose à faire... Non ?

Le vétérinaire, navré, remue doucement la tête en signe de dénégation.

— Et si on l'emmenait à l'hôpital ? hasarde alors le pompier. On pourrait peut-être le mettre en salle d'hémodialyse pour lui laver le sang ?

La tension est devenue intenable dans la clinique éclairée a giorno. Patrick Weill est très au fait de la médecine humaine puisque le profeseur Gramaglia, son beau-père, est le patron de la clinique Princesse-Grace de Monaco, et qu'un de ses amis, le docteur Jitenet, est un urologue de renom. Il comprend que le pompier veuille tenter l'impossible pour offrir une chance de survie à Khéops, mais il remue à nouveau la tête en signe de refus.

— Et si on lui greffait un rein? risque Mercier.

— Impossible... Ou presque!

— Pourquoi impossible? Ça réussit bien sur les hommes... Pourquoi pas sur un chien?

— A ma connaissance, cela ne s'est jamais pratiqué... Je crois qu'il n'y a eu qu'une seule expérience de ce genre... C'était aux Etats-Unis, dans l'Etat d'Ohio... Et le chat sur lequel la transplantation avait été tentée n'a survécu que quarante-huit heures. Et puis, ajoute Patrick Weill, il faudrait trouver un donneur...

Le simple fait que le vétérinaire accepte de discuter emplit Alain Mercier d'un espoir fou.

— Un donneur, s'exclame-t-il, mais j'en ai un! Il n'y a qu'à prendre un rein de Khéphren... Et trouver un chirurgien pour tenter le coup!

Patrick Weill admet que Khéphren n'aurait pas trop de difficultés à vivre avec un seul rein.

— Il suffirait de bien le suivre médicalement, se laisse-t-il même aller à envisager pour le plus grand espoir d'Alain.

La dialyse s'achève. Khéops a repris quelques forces. Il lèche furtivement la main de son maître.

— Je le ramène à la maison, annonce Alain, et je vais essayer de contacter du monde... Nous allons le sauver!

Alain Mercier a étendu Khéops sur une couverture à même le sol de son salon. Le chien le fixe d'un regard d'outre-tombe.

— Je ne vais pas te laisser partir, mon vieux copain, s'entend-il promettre. S'il le faut, je vais remuer ciel et terre, mais je vais te tirer de là! Je vais commencer par alerter la presse...

Il est plus de vingt et une heures. Personne ne répond à la rédaction mentonnaise de *Nice-Matin*. Le maître-chien laisse longtemps le téléphone sonner. Il raccroche et appelle le lieutenant Paolucci qui est de garde à la caserne Forty.

— Khéops est en train de mourir ! lui annonce-t-il sans prendre le temps de donner d'explications. Seule une greffe du rein pourrait le sauver… Est-ce que je peux faire état de ma qualité de pompier dans une annonce que je vais essayer de faire passer dans les journaux ?

Le lieutenant ne réfléchit pas longtemps.

— Vas-y, répond-il tout de suite, fais tout ce que tu jugeras bon de faire… Je te couvre !

Le correspondant de *Nice-Matin* ne répond toujours pas.

— Je vais appeler Villardy, décide alors Mercier, il connaît tellement de monde…

Le colosse décroche.

— Khéops va mourir, il faut que tu m'aides à faire passer un communiqué dans *Nice-Matin*… Il le faut, Patrick, c'est sa dernière chance !

Le champion d'Intervilles accepte de servir de relais.

— Ne bouge pas de chez toi, conseille-t-il à son ami, je te rappelle dès que j'ai trouvé le truc…

Khéops reprend un peu d'énergie. Son maître demeure prostré près de lui, le regard fixé sur le téléphone.

— Appelle-moi, Patrick, appelle-moi, se surprend-il à murmurer, fais vite…

La sonnerie tant espérée retentit à minuit.

— C'est OK, lui annonce le costaud de Nice, j'ai réussi à contacter André Lucchesi… Ton communiqué passe demain !

— Il n'y a plus qu'à espérer que les hommes ne soient pas ingrats pour tout ce que tu as fait pour eux, souffle le maître-chien à bout de fatigue, je vais essayer de dormir un peu, mon Khéops… Tu sais que je suis de service demain…

Les pompiers s'étonnent de voir Alain Mercier arriver seul à la caserne. Les questions pleuvent.

— Khéops va très mal, ne peut que répéter le caporal-chef, il va mourir...

Puis il se présente à Maurice Rateau, son chef de garde.

— Est-ce que je pourrais rester au standard toute la journée, lui demande-t-il, j'ai donné le numéro de la caserne à *Nice-Matin*... On risque de m'appeler à tout moment...

— Bien sûr ! Bonne chance, mon pauvre vieux !

Le standardiste commence par appeler Roland Sclippa.

— Roland, lui explique-t-il, il m'arrive un coup terrible... Khéops va mourir si on n'essaye pas de lui transplanter un rein... Aide-moi...

L'homme cloué dans son fauteuil roulant décide de rameuter toutes ses connaissances du monde de l'audiovisuel.

— Ne t'en fais pas, je me mets au travail tout de suite... Je te rappelle dès que j'ai trouvé quelque chose...

Et il note sur une feuille de papier toutes les idées qui lui viennent.

— D'abord, se propose-t-il, il faut dresser une liste des gens à contacter en priorité... FR 3 Nice-Côte d'Azur, Radio Monte-Carlo. *Nice-Matin*, c'est déjà fait puisque Lucchesi a publié un communiqué... Radio-France Côte d'Azur...

La litanie est longue. Mais Sclippa n'est pas rebuté par le pari fou. Il appelle sa sœur Marie-Christine.

— Khéops va mourir si on ne trouve pas une structure chirurgicale capable de tenter une transplantation rénale... Nous n'avons que vingt-quatre heures devant nous !

La jeune femme accepte de contacter tous les gens qui s'intéressent aux animaux dans les médias parisiens. Elle téléphone tour à tour, à partir de neuf heures, à Antenne 2 pour obtenir Allain Bougrain-Dubourg, puis à TF 1 pour toucher Jean-Pierre Hutin à « Trente millions d'amis », et au service de Marlyse de La Grange pour « Les animaux du monde ». Son frère joue lui aussi du téléphone auprès des organismes de santé. Il essuie des refus très nets de plusieurs hôpitaux. D'autres, plus nuancés, lui apprennent qu'il est pratiquement impossible de réaliser une transplantation rénale sur un chien. Il persiste et pianote de plus belle sur son clavier d'appel. Sa sœur arrive enfin à le joindre.

— Roland, lui apprend-elle avec enthousiasme, j'ai réussi à toucher l'assistante de Bougrain-Dubourg, elle propose de nous mettre en relation avec un professeur très coté de l'école vétérinaire de Maisons-Alfort... Elle doit me rappeler...

Roland Sclippa répercute la nouvelle sur le standard de la caserne Forty.

— Je ne sais pas ce qui se passe, lui annonce Mercier, mais ça n'arrête pas de sonner... Je reçois des coups de fil de partout, de tout le département, de Belgique, de Suisse et d'Italie... C'est formidable... Tout le monde semble vouloir sauver Khéops !

Roland Sclippa calme son correspondant qu'il devine au bord des larmes.

— Ecoute-moi bien, Alain, nous attendons un coup de fil de l'école de Maisons-Alfort... C'est très important... Il faudrait que tu prennes tes dispositions pour partir dès qu'il y aura quelque chose de concret... Je te tiens au courant...

Le communiqué de *Nice-Matin* est repris et amplifié par plusieurs médias tout au long de la matinée. Une grande chaîne de solidarité se forge, maillon après maillon, dans tout le pays.

— On va te sauver, mon chien, se répète Alain Mercier entre deux coups de fil d'encouragements ou de propositions plus ou moins sérieuses, je sens qu'on va s'en tirer !

Patrick Villardy se tient aux nouvelles tout en continuant de harceler, lui aussi, ses connaissances. Roland Sclippa a entrepris de contacter les compagnies aériennes pour préparer le voyage vers Paris.

— Attention, lui précise Alain saisi par l'espoir, je ne demande surtout pas l'aumône... Je paierai le voyage... Je demande seulement qu'on laisse Khéops et son fils voyager en cabine avec moi... Tu as bien compris ? Pas d'aumône...

Sclippa connaît depuis longtemps l'intransigeance de son ami.

— Laisse-moi faire, lui conseille-t-il, continue à prendre les appels... Et arrange-toi pour garder une ligne libre pour Maisons-Alfort !

Les pompiers de la caserne Forty, du chef de corps au dernier volontaire, suivent l'évolution de la situation. Ils espèrent tous le miracle.

Roland Sclippa rappelle.

— J'ai eu un bon contact avec le chef d'escale d'Air-Inter à Nice... Il m'a conseillé d'appeler madame Jenex, qui est responsable commerciale de la compagnie pour la Côte d'Azur... Je l'ai eue... J'ai plaidé la cause de Khéops, j'ai parlé de ses sauvetages en France et de son travail au Mexique. Elle m'a donné son accord de principe...

Tout le monde n'est pas aussi aimable avec Sclippa que les gens d'Air-Inter. Un responsable d'une autre compagnie lui répond tout net que ses services n'assurent pas de vols sanitaires pour les humains : « Alors, vous pensez bien qu'on ne va pas le faire pour un clébard ! »

Le téléphone sonne une nouvelle fois au standard des pompiers.

— Heureusement que le 18 demeure libre, se rend compte Alain Mercier en prenant l'appel, ça poserait des problèmes en cas d'alerte...

Une voix féminine se présente :

— Allô... Ici Marie-Christine Sclippa... Je viens d'être rappelée par l'assistante d'Allain Bougrain-Dubourg... Quelqu'un de Maisons-Alfort a contacté le professeur Cottard qui est à Toulouse... Il est d'accord pour tenter la transplantation ! Tu vas recevoir un coup de fil sous peu... C'est formidable...

La chaîne de solidarité fonctionne de mieux en mieux. Une station de télévision, M 6, propose même de prendre l'exclusivité d'un reportage sur la transplantation, qui serait une première mondiale.

— Du moins si Alain Mercier et le professeur Cottard sont d'accord, précise le journaliste de la 5 qui a servi de relais avec les journaux d'information de TF 1, Antenne 2, FR 3 et la chaîne qui demande l'exclusivité de l'opération.

Sclippa annonce la nouvelle à son ami. Puis le rappelle presque aussitôt. Sa voix est encore plus joyeuse :

— Alain, écoute-moi bien... Les gens d'Air-Inter sont d'accord pour que tu voyages avec les chiens en cabine... Ils prennent tous les frais à leur compte, aller et retour, pour toi et la personne qui t'accompagnera... Mais tu ne pourras partir que demain, par le vol de douze heures trente.

Une boule nerveuse se forme tout au fond de la gorge d'Alain Mercier. Il déglutit pour reprendre son calme.

— C'est formidable... triomphe-t-il. Ils vont sauver Khéops !

Le professeur Cottard appelle à son tour de Toulouse :

— Pouvez-vous monter au plus vite à Maisons-Alfort ? J'ai contacté Patrick Weill à Monaco... Il m'a tout expliqué... Je veux bien tenter la greffe...

— Je ne pourrai partir que demain en fin de matinée... Ça ne sera pas trop tard ?

Le professeur rassure son interlocuteur.

— Non. Il faut ramener votre chien au docteur Weill... Il va lui faire subir une préparation pour le maintenir jusqu'au moment de l'opération... Je ne serai malheureusement pas à Maisons-Alfort pour vous accueillir, mais j'ai déjà donné des consignes aux professeurs Léonard et Viguier pour qu'ils préparent la transplantation et procèdent aux examens de compatibilité... Tout se passera bien... J'arriverai à temps pour opérer ! A bientôt... Nous allons le tirer d'affaire, votre héros !

33

Le vol de l'espoir

Alain Mercier a ramené Khéops à la clinique du docteur Weill.

— Gardez-le en vie, demande-t-il à ce dernier, faites tout ce que vous pourrez... Il faut qu'il puisse voyager... C'est son seul espoir!

Le praticien considère le berger d'un regard professionnel.

— Je vais faire tout ce qui pourra être fait... Je vais le mettre encore sous dialyse et le préparer au voyage...

Une infirmière étend Khéops sur la table de travail où il montait tout seul il y a encore un mois. Le limier se fait tout mou. Il fixe son maître d'un regard lourd, puis regarde l'homme en blanc qui se penche sur lui.

— Ce qui m'inquiète le plus, laisse échapper Patrick Weill en faisant les premiers gestes de mise sous dialyse, ce n'est pas tellement que...

— Qu'est-ce qui vous inquiète le plus? a demandé Alain au docteur qui dose la dialyse au regard des dernières analyses sanguines de Khéops.

Le praticien suspend son travail minutieux.

— Vous ne vous en êtes peut-être pas aperçu, avance-t-il,

mais le pauvre vieux est en anurie sécrétaire totale... Il ne peut plus uriner !

— Et c'est grave ?

Weill ne cherche pas à donner de faux espoirs :

— C'est très grave, et si la sonde urétrale que je vais lui placer n'amène pas d'amélioration, il ne sera bientôt plus qu'une pauvre loque gorgée de toxines... Il ne supportera certainement pas le voyage !

Le pompier, qui vivait sur un nuage d'espoir depuis le coup de fil du professeur Cottard, se sent vaciller.

— Y a-t-il une chance, objecte-t-il en refusant une nouvelle fois l'inéluctable, que ça se débloque dans la nuit ?

Le praticien hausse les épaules, et préfère se taire. Il reprend son travail de précision.

— Maintenant, annonce-t-il lorsque tout est en place pour la dialyse, il serait sage que vous alliez vous reposer... Vous aurez à vivre une journée très éprouvante demain...

Le maître-chien caresse tout doucement Khéops qui ne réagit pas, puis l'embrasse sur son museau à la truffe chaude.

— Voulez-vous venir avec nous à Maisons-Alfort ? demande-t-il ensuite à Weill. Air-Inter a gentiment mis deux places à ma disposition...

Le vétérinaire ne prend pas le temps de réfléchir.

— Non, refuse-t-il tout net, je me suis longuement entretenu au téléphone avec le professeur Cottard... Mon rôle doit se borner à préparer le chien du mieux que je le pourrai pour qu'il supporte le voyage... Quant au reste, il faut laisser Cottard et son équipe libres d'agir comme ils le jugeront utile.

Le pompier comprend le scrupule du praticien. Il prend congé de son hôte. Le vent qui monte du port illuminé lui fouette le visage.

— Je vais demander à Villardy de monter à Paris avec moi, décide-t-il en remontant dans sa voiture et en prenant la direction de Menton, pourvu qu'il puisse se rendre libre...

Le colosse de Nice accepte.

— Nous devrons aller chercher Khéops à Monaco à dix heures, le vol est prévu pour douze heures trente...

— Tu n'auras pas besoin de prendre ta voiture, propose Villardy, je viendrai te chercher avec une camionnette de service que je laisserai à l'aéroport... A demain!

Alain Mercier pense à l'arrivée à Paris. Il appelle Pierre Bansard à Montgeron, et lui explique le voyage de la dernière chance.

— Est-ce que tu ne pourrais pas nous obtenir une camionnette de chez toi pour venir nous ramasser à Orly? Je me demande comment je vais faire pour aller à Maisons-Alfort.

Le pompier de l'Essonne retrouvé à Mexico ne voit pas d'inconvénient à tenter la démarche de solidarité.

— Si ça ne marche pas, promet-il, je viendrai de toute façon te chercher à Orly avec ma voiture... A demain.

Roland Sclippa annonce très tôt au matin du vendredi 29 que le vol est confirmé.

— Je vais rameuter les journalistes pour qu'ils vous attendent à l'aéroport, apprend-il à Alain Mercier, il faut tout de même que les gens d'Air-Inter bénéficient de quelques retombées médiatiques...

Le maître-chien préférerait un peu plus de discrétion dans le déroulement de l'opération. Mais il ne se montre pas ingrat et accepte de jouer le jeu.

— Bon, conclut son ami, je serai garé devant la porte de l'aéroport... A tout à l'heure!

Mercier téléphone à Monaco sans oser demander si Khéops est toujours en vie.

— Nous partons à l'heure prévue, annonce-t-il à Patrick Weill, je serai chez vous à dix heures... Comme convenu...

Il est dix heures.

— Qu'est-ce qu'il fabrique Villardy, s'impatiente le

maître-chien qui a passé son uniforme de sortie, il devrait être là...

Dix heures trente.

— Cette fois, c'est grave... Il lui est peut-être arrivé quelque chose...

De plus en plus impatient, le pompier téléphone à la caserne de Nice.

— Villardy ? lui répond une voix à l'accent prononcé. Il y a plus d'une heure qu'il est parti pour Menton...

— Essayez de le contacter... Il doit avoir la radio dans son véhicule...

— Eh non, regrette la voix ensoleillée, il a pris une camionnette toute neuve qui n'est pas encore équipée...

Alain Mercier souffle de dépit en plaquant sèchement son combiné sur la console.

— Nous allons rater le vol, craint-il, ce serait tout de même trop bête après tout le mal que Roland s'est donné pour nous...

Puis il pianote rapidement le numéro de la caserne Forty.

— Allô, ici c'est Mercier... Passe-moi le chef de garde...

Jean-Marie Tortarolo est vite au bout du fil. Il saisit tout de suite l'urgence de la situation :

— Je t'envoie Jean-Marie Blanc avec une 104... Tu peux déjà descendre de chez toi... Il arrive !

La Peugeot est vite à la résidence Azur-Parc. Inquiet devant tant de nervosité, Khéphren se coule entre les jambes de son maître. La voiture lancée à vive allure croise la camionnette de Nice avant d'arriver en bord de mer. Villardy comprend qu'il doit la suivre. Les deux véhicules rouges sont à onze heures boulevard Princesse-Charlotte. Alain Mercier laisse Khéphren dans la 104 et s'engouffre dans la clinique vétérinaire.

— Et alors ? demande-t-il simplement en serrant la main de Patrick Weill.

— Alors ? Venez le voir...

Khéops manifeste à peine sa joie en retrouvant son maître.

— Il n'a pas encore uriné, annonce le vétérinaire qui a souvent rendu visite à son pensionnaire au cours de la nuit, il ne pourra pas voyager dans cet état-là...

Les trois pompiers se taisent en fixant le corps au poil terni. Patrick Weill, Patrice Longour et leur infirmière demeurent bras ballants devant Khéops. Ils espèrent le miracle. Alain Mercier consulte sa montre.

— Il nous reste moins d'une heure, grommelle-t-il, libère-toi, mon Khéops...

Les yeux las du berger vont de l'un à l'autre des spectateurs de sa lente agonie. Ils expriment toute l'incompréhension du monde. Et toute la confiance aussi.

— Je vais téléphoner à la police municipale de Nice, annonce Villardy avant de s'éclipser. Je vais demander s'il ne serait pas possible que deux motards nous ouvrent la route à partir de la cathédrale... Je n'ai pas de gyrophare, ni même de signal deux tons, sur ma camionnette !

L'ambiance est feutrée autour du gisant à la respiration de plus en plus faible.

— C'est fichu, se prend à estimer Alain en le caressant entre les sourcils, tout ça n'aura servi à rien !

Khéops s'agite. Il fait même mine de vouloir se relever. Trois petites gouttes de sang perlent au bout de sa sonde. Puis un peu d'urine s'écoule de son fourreau.

— Il se libère, souffle Patrick Weill qui n'y croyait plus.

Quelques secondes de tension intolérable passent encore. Puis Khéops expulse quelque quatre cents millilitres d'urine chargée de toxines. Ses yeux se font tout de suite plus vifs. Il cherche son maître, comme pour s'excuser d'avoir sali le carrelage.

— C'est bien, le pépère, l'encourage ce dernier, continue... Débarrasse-toi de tout ce foutu poison qui allait te tuer !

Patrick Weill et ses assistants ont retrouvé le sourire. Les trois pompiers sont heureux comme des enfants qui découvrent des jouets merveilleux. Alain Mercier essuie une larme d'un revers de manche, puis embrasse le chien au poil souillé.

— Tu vas pouvoir partir, mon Khéops, lui murmure-t-il ivre de bonheur, tu es presque sauvé !

Le vétérinaire donne ses derniers conseils pour le voyage. Alain Mercier l'écoute avec attention. Puis il se penche sur le miraculé, le prend tout doucement dans ses bras, et va l'installer dans la camionnette du Niçois. Puis Khéphren vient se poster en veille tout près de son père.

— Je vous ouvre la route, annonce Jean-Marie Blanc. On fonce !

La petite Peugeot se faufile à coups de sirène dans la circulation dense. Son chauffeur se laisse dépasser à la sortie de l'autoroute.

— Bonne chance ! crie-t-il en agitant la main.

Les deux motards demandés par Villardy sont au rendez-vous. Ils bouclent leurs casques dès qu'ils aperçoivent la camionnette, et filent à toute allure vers l'aéroport.

— Nous sommes à l'heure, se réjouit Alain Mercier en se dirigeant vers la voiture de Roland Sclippa, nous avons eu de la chance...

Le handicapé n'a pas voulu sortir son fauteuil pliant.

— C'est bien, Alain, tout se passe normalement... Tu vas prendre ton chien pour aller répondre aux interviews des journalistes... Ils sont tous là : ceux d'Antenne 2 et de FR 3, ceux de *Nice-Matin*, du *Dauphiné libéré*, de Radio Monte-Carlo, et bien d'autres que je ne connais pas... Dis-leur quelques mots et amène-moi Khéops, j'aimerais le voir...

Le pompier voudrait remercier l'homme aux yeux gris acier qui s'est tant démené pour tenter le pari fou qui est en passe de réussir. Il ne trouve pas ses mots. Il pose simplement sa main sur le bras de son ami.

Villardy a pris Khéphren en laisse. Le Niçois joue de sa carrure pour forcer le passage au milieu des curieux. Alain

Mercier lui emboîte le pas en portant Khéops tout contre sa poitrine.

— Je me demande ce que je vais leur dire, s'inquiète-t-il en voyant les journalistes venir à sa rencontre, je suis beaucoup trop ému...

Le pompier trouve tout naturellement des mots simples pour expliquer la situation. Il est bref, très digne, et le discours suffit puisque quelques journalistes courent vers les cabines téléphoniques pour dicter leurs papiers.

— Patrick, demande alors Mercier, arrange-toi pour qu'on me laisse seul avec Roland... Il veut voir le chien.

Les journalistes et les curieux respectent la volonté du maître-chien. Roland Sclippa caresse Khéops qui l'a reconnu et remue légèrement la queue contre l'uniforme de son maître. Le trio d'amis demeure soudé dans l'émotion pendant quelques secondes. Puis l'infirme aux yeux embués rompt le charme :

— Va, Alain, ils t'attendent, bonne chance...

Le pompier lui tourne le dos. Sclippa ne voit bientôt plus que les pattes de Khéops qui battent au rythme des pas de son maître.

Il pleure sans se soucier des voyageurs qui pénètrent dans le hall de l'aéroport.

— Ramène-le en vie, murmure-t-il, c'est tout ce que je te demande...

Les responsables régionaux d'Air-Inter sont là, aux petits soins pour le chien et son maître.

— Nous avons installé une civière entre deux fauteuils, annonce l'un d'eux, tout est prévu pour que le voyage se passe bien... Vous pouvez embarquer dès que vous le voudrez... Bonne chance !

Alain Mercier remercie et, guidé par une hôtesse en tailleur bleu ciel, il monte dans l'avion. Khéops est allongé sur sa civière, tout contre les hublots. Il y a de l'eau fraîche à sa portée, dans un seau à champagne. Khéphren s'assied devant son père en jetant des regards étonnés tout autour de lui.

— Si vous avez besoin de quoi que ce soit, avertit une des hôtesses, n'hésitez pas...

L'avion décolle. Les voyageurs se demandent qui peuvent bien être ces chiens-loups qui ont le privilège rarissime de voyager en cabine. Ce n'est qu'en ouvrant l'exemplaire de *Nice-Matin* qu'ils ont reçu gracieusement à l'embarquement qu'ils se rendent compte de ce qui se passe. Ils viennent alors presque tous caresser le héros de Mexico. Et chacun d'eux trouve une parole d'encouragement pour son maître.

— C'est bien normal que les hommes fassent tout pour sauver votre beau chien, souffle à ce dernier une vieille dame très chic, après ce qu'il a fait pour eux...

Le vol ne dure qu'à peine un peu plus d'une heure. L'Airbus se pose sur la piste d'Orly. Ses passagers le désertent après une dernière caresse à Khéops. Puis Alain Mercier sort par la porte arrière.

— Il y a encore plus de journalistes qu'à Nice, se rend-il compte en assurant son équilibre sur la large échelle de coupée de l'appareil, il est devenu une vedette mon pauvre Khéops... J'aimerais mieux qu'il soit inconnu et en bonne santé !

La grande presse a bougé, toutes les agences sont là, Sipa, Sygma, Gamma, AFP, le *Parisien*, *France-Soir*, *Ici-Paris* et *France-Dimanche*. Des caméras de toutes les chaînes, une douzaine de micros se braquent sur le maître-chien qui ne semble pas sentir le poids de Khéops.

Pierre Bansard est là.

— Le commandant Caron, qui est officier de permanence à Evry, a détaché une ambulance pour Khéops et une 4L pour Villardy et Khéphren, annonce-t-il à son ami qu'il trouve vieilli de dix ans. Un vétérinaire de mon association de chiens de sauvetage nous attend dans le véhicule... On file dès que tu veux... Des motards vont nous ouvrir la route jusqu'à l'école de Maisons-Alfort !

34

Première mondiale à Maisons-Alfort

Deux motards de la préfecture de police attendent devant l'ambulance confiée par le commandant Caron. Ils ont l'ordre de lui ouvrir le chemin. Alain Mercier a déposé Khéops, tête vers l'avant, sur une banquette-civière à gauche du véhicule. Le chien est calme. Bien plus tranquille que son maître qui accuse le contrecoup des émotions du voyage.

Un vétérinaire en combinaison rouge commence à ausculter Khéops. Mercier suit son manège pendant quelques instants, puis le bouscule.

— Qu'est-ce que vous allez lui faire?

— Il est très mal... Il faut le mettre sous perfusion!

— Pas question, le docteur Weill l'a préparé à la minute près... Il ne faut rien changer au programme!

L'inconnu insiste. La tension devient lourde dans l'ambulance. Patrick Villardy se tient aux aguets derrière son ami. Le vétérinaire persiste à vouloir perfuser Khéops.

— Vous voyez bien qu'elle n'est pas en place, lui fait remarquer Alain Mercier de plus en plus nerveux, vous l'avez ratée!

Le praticien admet son erreur, soulève la patte de Khéops

et, pour mieux voir où planter à nouveau son aiguille, commence à lui arracher une touffe de poils.

— Mon chien n'est pas un lapin ! crie Mercier. Ecartez-vous de lui...

L'homme en rouge accepte de laisser le berger sans perfusion.

— Je vais tout de même lui faire une piqûre de toni-cardiaque, précise-t-il, ça va le soutenir...

Le pompier de Menton veut lui interdire l'injection, quelqu'un le hèle de l'extérieur de l'ambulance, le vétérinaire profite du répit pour piquer Khéops.

— De toute façon, admet le maître-chien bien décidé à ne pas envenimer les choses, ça ne pourra pas lui faire de mal...

Les deux motards démarrent. L'ambulance et la 4 L de Villardy et Khéphren suivent le mouvement. Des journalistes bondissent vers leurs véhicules. Un convoi d'une douzaine de voitures file sur la route de Maisons-Alfort.

L'équipe du professeur Cottard est réunie pour accueillir le futur opéré. Alain Mercier ne laisse à personne le soin de porter Khéops. Il le dépose sur une table de consultation. Le vétérinaire en rouge fait mine de revenir à l'attaque avec une seringue. Le pompier se fâche pour de bon :

— A partir de maintenant, prévient-il, personne ne touchera plus à mon chien ! Sauf les docteurs d'ici qui sont au courant de ce qu'il faut vraiment lui faire...

Le message passe. Les journalistes cessent de faire des photos. Patrick Villardy s'avance vers eux l'air décidé. Ils s'éloignent.

— Ouf, souffle Mercier lorsque l'homme en rouge n'est plus à portée de Khéops, il n'y a plus qu'à attendre...

Le professeur Léonard, l'anesthésiste de l'équipe, se présente le premier. Il ausculte rapidement le berger.

— Il a l'air d'avoir parfaitement supporté le voyage, se réjouit-il.

Le professeur Viguier arrive à son tour. Il jette lui aussi un coup d'œil sur Khéops, et invite son maître à le suivre dans un bureau.

— Asseyez-vous, dit-il à Mercier un peu surpris par la solennité de l'accueil, nous avons quelques petites choses à vous dire concernant l'opération de votre chien...

Le pompier fronce un peu plus les sourcils à mesure que les chirurgiens lui expliquent ce qui va se passer.

— Nous maîtrisons parfaitement la technique, précise le professeur Léonard, mais jusque-là, les animaux que nous avons opérés sont tous morts à cause de phénomènes de rejet... Vous comprenez ?

Alain Mercier saisit que rien n'est gagné.

— De toute façon, avance-t-il d'une voix sèche, il va mourir... Alors, il faut tenter le tout pour le tout. Vous avez les moyens de réussir l'impossible, et Khéphren est là pour donner le rein dont vous avez besoin.

— Bon, mais il faudrait absolument vous procurer un médicament qui sert à favoriser la compatibilité des tissus... Et nous n'en n'avons plus en stock...

Mercier ferme un peu plus son visage tendu.

— Il y en a à la pharmacie centrale des hôpitaux de Paris, précise son interlocuteur. Je dois vous avertir que c'est un produit qui coûte assez cher...

Le maître-chien ignore le deuxième renseignement.

— Patrick, demande-t-il au colosse de Nice, regarde un peu si les motards sont encore dans la cour... Si oui, appelle-les !

Un motocycliste se présente en saluant militairement. Un chirurgien lui tend une ordonnance, et Alain Mercier un chèque en blanc. Une dame de l'accueil griffonne ensuite l'adresse de la pharmacie centrale au dos de l'ordonnance.

— C'est rue des Fossés-Saint-Marcel, annonce-t-elle au motard, tenez : je vous fais un petit plan...

Les deux policiers quittent l'école vétérinaire en trombe.

— Si tout se passe bien, annonce ensuite un professeur,

nous opérerons votre chien lundi... Le professeur Cottard sera revenu du Sud-Ouest où il donne des conférences...

La conversation est à peine terminée que le motard est de retour avec le médicament. Le compte à rebours est commencé. Khéops accepte sans rechigner une première prise de sang.

— Tu es un saint, mon chien, lui chuchote son maître, tu l'auras bien méritée ta guérison...

Un vétérinaire s'approche à pas feutrés.

— Maintenant, annonce-t-il, il faut nous le laisser... Vous pouvez nous faire confiance...

Le maître-chien ne rencontre que des visages souriants autour de lui. Il embrasse encore une fois Khéops, le cale un peu mieux dans la niche blanche de son chenil, et lui tourne résolument le dos après que Khéphren a salué son père à sa manière retenue.

Patrick Villardy rentre à Nice, toujours aux frais d'Air-Inter, et Alain Mercier s'installe chez ses parents, à Montgeron.

— Ne t'en fais pas, lui conseille doucement sa mère au repas du soir, tout ira bien...

Le pompier n'a presque pas parlé pendant le dîner.

— Et puis, ajoute sa mère, nous lui apporterons sa gamelle de la maison, comme ça tu seras sûr qu'il mangera ce qu'il aime...

Le week-end s'écoule au rythme des visites à Maisons-Alfort. Khéops est de plus en plus faible. Il refuse bientôt de s'alimenter.

— Tiens le coup, le supplie son maître. Le professeur Cottard va t'opérer demain...

La préparation chimique de Patrick Weill fait merveille, Khéops se libère un peu le lundi.

— On dirait qu'il se débloque pour de bon, s'étonne un chirurgien, nous ne serons peut-être pas obligés d'opérer!

Alain Mercier est fou de joie. Les spécialistes de Maisons-Alfort suivent d'heure en heure l'évolution de la maladie.

Le professeur Jean-Pierre Cottard fait appeler le maître-chien lorsque Khéops se bloque à nouveau.

— Cette fois, annonce-t-il à Mercier, c'est irrémédiable... Il faut opérer ! Nous avons décidé de ne pas lui retirer un rein, mais de lui greffer celui de son fils.

Pour la première fois, Mercier prend vraiment conscience de sa décision.

— Ça va marcher, docteur? s'inquiète-t-il.

— Je peux vous garantir par écrit, le rassure le chirurgien qui porte des lunettes à demi-verres finement montés, que tout se passera bien en ce qui concerne la technique de l'opération...

Alain Mercier n'a plus l'impression de vivre. Il subit les événements, ne réagit plus qu'en fonction des chirurgiens et de leurs assistants. Il se laisse vêtir d'une blouse à bas de manche élastiques, se coiffe d'un bonnet, se masque la bouche et se voile le visage jusqu'aux yeux d'un second morceau de tissu.

— Nous allons commencer, vient lui annoncer une jeune femme, si vous voulez venir avec nous...

Le professeur Léonard dirige l'anesthésie. Khéphren est endormi allongé sur le dos, un conduit d'oxygène enfoncé dans la trachée artère. Une assistante le tond jusqu'aux épaules. Khéops a subi le même sort sur une autre table de préparation, à moins de trois mètres de son fils.

Comme prévu, une équipe de M 6 filme les moindres gestes du chirurgien et de ses aides. Mathieu Schwartz, le journaliste qui dirige le tournage, fait tout ce qu'il peut pour se faire oublier dans ce ballet précis. Khéops est emmené vers le bloc opératoire.

— Pierre, revient annoncer le professeur Cottard au professeur Viguier lorsque sa préparation est terminée, est-ce que tu es au courant que les chiens sont tous les deux du groupe A+... Ça va faciliter les choses...

Le chirurgien acquiesce sans relever la tête de son travail. Ses doigts gantés vont et viennent dans le ventre du chien.

Ils sont aussi souples et précis que ceux d'un prestidigitateur.

— Je l'ai ! annonce-t-il en se redressant, les mains tachées de sang. Vite... Le récipient...

Le rein de Khéphren baigne dans une préparation chimique et le chirurgien commence à le débarrasser de tout ce qui sera inutile à la greffe.

— Le docteur Viguier va maintenant faire sa petite cuisine, plaisante Cottard pour détendre un peu l'atmosphère. Il va nous préparer des rognons comme il en a le secret...

Puis il rejoint son bloc opératoire pour voir si rien ne cloche du côté de Khéops.

Une assistante chantonne machinalement pas très loin du berger qui n'a plus qu'un seul rein. Un cheval à l'attache hennit sous un auvent vitré. Des gens pressés vont et viennent dans le long couloir carrelé du service de chirurgie, en poussant devant eux des battants de portes. Pierre Viguier a terminé la préparation du rein de secours. La jeune femme ne chante plus. Les visages se font de plus en plus tendus. Tout est prêt pour la première mondiale.

Une lumière crue marque net le ventre écartelé de Khéops. Jean-Pierre Cottard place le rein bien propre de Khéphren dans la fosse iliaque gauche. Le professeur Viguier veille à ce que sa veine soit bien en place. Alain Mercier se penche derrière les chirurgiens en sueur pour suivre tous les détails du miracle de précision.

— C'est tout à fait comme pour les hommes ! s'émerveille-t-il. Maintenant, je suis certain que l'opération va réussir...

Le professeur Cottard possède le don de dédramatiser les pires moments. Il plaisante tout en épiant le moindre geste de ses assistants.

— Khéphren va bientôt se réveiller, se rend compte le

pompier à la gorge nouée, je te laisse un peu, mon Khéops...

Le donneur émerge peu à peu du néant. Il rue et secoue la tête pour essayer de se défaire des tuyaux qui encombrent sa gorge.

— Doucement, brave Khéph, chuchote Alain en maintenant doucement la tête du chien contre sa poitrine, je suis là... C'est fini... Merci pour ton père !

Deux assistants du chirurgien emmènent l'animal encore mal réveillé sur un chariot. Alain Mercier retourne près de Khéops. Cottard et Viguier travaillent longtemps dans des cliquetis de pinces et de ciseaux.

— Et voilà, conclut Jean-Pierre Cottard une fois que la dernière maille de suture a été nouée, il n'y a plus qu'à le refermer...

— Bon sang, se rend alors compte Alain Mercier, l'opération a duré presque six heures !

Khéops se réveille plus facilement que son fils. Alain Mercier a moins de mal à le maintenir pour qu'il ne se défasse pas de tout ce qui le gêne.

— Ouf, souffle-t-il en se rappelant qu'un anesthésiste lui avait avoué que beaucoup de chiens ne survivaient pas au traitement, il en est sorti !

Le greffé est descendu au chenil. Allongé sur une alèse devant la cage de son fils, il reprend peu à peu ses esprits.

— Il a très soif, se rend compte son maître en lui maintenant la tête, est-ce qu'il peut boire ?

— Pas encore, lui conseille une assistante en chirurgie, il est trop tôt...

Le maître-chien ne se résout pas à abandonner ses compagnons. Le temps ne compte plus pour lui. Il va de l'un à l'autre avec des gestes d'égale tendresse. On apporte enfin de l'eau. Khéops se met à laper tout doucement, puis de plus en plus vite.

— Est-ce qu'il peut boire autant qu'il veut ? s'inquiète Alain.

La jeune femme acquiesce d'un signe de tête. Khéops ne se prive pas, puis il s'allonge sur sa couverture.

— Attends, lui demande son maître, je vais te mettre dans ton box...

Khéphren réagit lui aussi de mieux en mieux.

Alain Mercier téléphone à Menton. Marielle crie sa joie au bout du fil. Puis il appelle Patrick Weill, qui est déjà au courant du succès. Khéphren est vite en état de voyager. Le pompier décide de rentrer sur la Côte d'Azur.

— C'est le boulot, mon vieux, explique-t-il à Khéops qu'il retrouve un peu plus en forme chaque matin, il faut que j'aille le reprendre... Mais je ne vais pas te laisser longtemps loin de nous... Sois sage !

Le berger se rencoigne dans sa cage en soupirant très fort. Puis les jours passent sous la protection de Chantal Bailly, la jeune élève-vétérinaire qui l'a pris en amitié. Les professeurs Cottard, Viguier et Léonard ne cessent pas de l'observer.

— Tout va bien, annonce bientôt Cottard au maître-chien, vous pourrez venir le chercher dès que vous le voudrez...

— J'arrive demain, s'enthousiasme tout de suite Alain, je ne suis pas de service...

Mathieu Schwartz et son équipe viennent filmer les retrouvailles dans la cour pavée de l'école de Maisons-Alfort.

— Alors... content ? demande le journaliste.

La réponse est évidente. Mercier est rayonnant, il ne se lasse pas de lisser de la main le poil encore terni du miraculé.

— Est-ce qu'il va travailler à nouveau ?

Le maître-chien sourit de plus belle :

— Terminé, le service ! lâche-t-il. Maintenant il va vivre peinard... Comme un pépère pantouflard...

Le journaliste interviewe ensuite le professeur Cottard.

— Oui, reconnaît sans fausse modestie ce dernier qui est en chemisette sans cravate, l'opération est une réussite... Mais nous ne pouvons encore être sûrs de rien... Il peut se produire, dans des semaines, des mois ou des années, un phénomène de rejet...

— Mais, poursuit Mathieu Schwartz, est-ce qu'il aura une vie normale ?

— Tout à fait normale, il faudra simplement surveiller son régime diététique, et qu'il prenne chaque jour des immunosuppressifs...

— Donc, il est comme tous les humains qui ont reçu une greffe ?

— C'est ça, reconnaît le chirurgien dans un sourire qui creuse un peu plus la fossette de son menton, c'est tout à fait le cas...

L'heure du départ arrive. Mercier installe Khéops dans la voiture qui va le conduire à Orly.

— Bonne chance, lui souffle Cottard en lui serrant une dernière fois la main, suivez bien mes conseils, et tout ira bien...

ÉPILOGUE

Khéops retrouve son fils, Marielle, Jessica et Julie avec un bonheur digne. La vie reprend à la résidence Azur-Parc. Les journalistes se sont rués sur le miraculé. Puis le calme est peu à peu revenu.

— Ils sont parfois encombrants, les journalistes, remarque Alain en allant prendre son service à la caserne Forty, mais sans eux, rien n'aurait été possible...

Roland Sclippa a vécu un bonheur intense en apprenant la réussite de la greffe. Seul rôde, sans que personne ose en parler, le spectre du rejet. Mais, comme Khéops reprend chaque jour un peu plus de tonus, Alain Mercier n'y pense presque plus.

— Nous irons bientôt courir à Castillon, se promet-il, comme avant... Et nous achèverons l'éducation de Khéphren, ton successeur...

Le professeur Cottard écrit une longue lettre à Patrick Weill le 12 mai.

— Vous pouvez la lire, conseille ce dernier au maître-chien, il n'y a pas de secrets entre nous...

Alain prend la lettre. Malgré les termes techniques, il lit que Khéops a reçu pendant son absence le même traitement qu'un être humain.

— Aïe, laisse échapper Mercier, ça ce n'est pas bon...

Et il relit la phrase qui l'a fait tiquer : « Il est évident que nous sommes très modestes quant à l'avenir, manquant quelque peu d'expérience dans ce domaine. »

Puis, rassuré par Weill qui lui a promis de se tenir en relations suivies avec les gens de Maisons-Alfort, il rentre chez lui avec ses deux chiens.

Le bonheur des Mercier s'écroule au matin du 21 mai. Marielle trouve en se levant Khéops inerte. Alain, qui était de service, ne peut que constater le drame. Il reste longtemps agenouillé devant son ami. Il alerte ensuite Patrick Weill. Le vétérinaire pratique une autopsie.

— Il n'est pas parti à cause d'un rejet, précise-t-il lorsque son travail précis est terminé, c'est un caillot de sang qui a provoqué une embolie...

Khéops est enterré au col de Castillon, tout près de la ruine devenue presque habitable.

Alain Mercier reçoit un courrier de plus en plus important. Des inconnus lui écrivent pour prendre part à son chagrin, comme Raymonde Boix, une ancienne collaboratrice de Pierre Lazareff à *France-Soir*, qui admet que Khéops l'a exorcisée de la peur des bergers allemands, une peur maladive ramenée de l'enfer des camps de concentration nazis où l'avaient conduite ses actions dans la Résistance.

Khéphren vit très mal l'absence de son père. Il le cherche souvent et, même lorsqu'il est lancé à la course, prend toujours bien garde de ne pas poser les pattes sur sa tombe.

Noël 1988. Les Mercier vivent à Castillon depuis octobre. Ils préparent leur premier réveillon dans l'ancienne ruine patiemment remontée. Les petites filles ont mis leurs plus belles robes. La fête serait parfaite si l'ombre de Khéops n'était pas si pesante. Khéphren, comme l'avait fait le héros disparu, supporte autant qu'il le peut un chiot qui est né le 20 novembre de ses amours avec une chienne à poil long rencontrée grâce à Patrick Weill et qui a mis bas dix petits.

— Tu seras bientôt breveté chien de décombres, comme ton père, promet Alain Mercier qui a inscrit le grand berger pour un stage au mois de juin 1989, et ton fils le sera plus tard...

Puis il sort de la maison ressuscitée pour aller passer quelques minutes sur la tombe de Khéops.

— Il ne manque plus que la cloche morte d'amour pour sonner la messe de minuit, se dit-il en jetant un regard vers l'ombre de l'église, peut-être qu'un jour...

Et, appelé par ses deux petites filles, il rejoint la fête après avoir murmuré :

— Tu vivras toujours, mon Khéops...

TABLE

Cet ouvrage a été réalisé sur
Système Cameron
par la SOCIÉTÉ NOUVELLE FIRMIN-DIDOT
Mesnil-sur-l'Estrée
pour le compte des Éditions Grasset
le 17 mai 1989

Imprimé en France
Première édition, dépôt légal : avril 1989
Nouveau tirage, dépôt légal : mai 1989
N° d'édition : 7968 – N° d'impression : 12195
ISBN 2-246-39431-7